动词和与动词相关的短语的类型功能研究

李铁根 著

启明大学出版部

动词和与动词相关的短语的类型功能研究

초판 1쇄 인쇄 2014년 5월 23일
초판 1쇄 발행 2014년 5월 30일

지 은 이 李铁根
펴 낸 이 신일희
펴 낸 곳 계명대학교출판부
출판등록 제347-1998-1호(1970. 9. 1)
주 소 대구광역시 달서구 달구벌대로 1095
대표전화 053-580-6233
팩 스 053-580-6235
홈페이지 www.kmupress.com

ISBN 978-89-7585-671-6 93720 정가 17,000원

이 도서의 국립중앙도서관 출판시도서목록(CIP)은 서지정보유통지원시스템 홈페이지(http://seoji.nl.go.kr)와 국가자료공동목록시스템(http://www.nl.go.kr/kolisnet)에서 이용하실 수 있습니다.(CIP제어번호: CIP2014016222)

自 序

搞语法研究既要重视理论，也要重视事实，这似乎已成定论。但不同的学者由于师从背景以及个人志趣的不同会有不同的偏重。有的偏重理论的思考，有的偏重事实的挖掘。我大概属于后者。除了在《现代汉语时制研究》一书中提出并论证了一种汉语时制理论以外，所写其他论著大都属于事实描写一类的。可能显得有些迂腐，我至今仍然固执地认为，汉语的事实调查还远远不够，以致很多语法规律的描述和说明经不起语言事实的推敲，致使很多理论问题无法得到圆满解决。在具体的汉语教学当中，每当学生就某一个规则提出反例的时候，或者他们提出我们现有的汉语语法论著和教材中从没有提及的语言现象的时候，我们常常不知所措，无言以对。对于教师来说，没有比这更令人尴尬的事情了。正因为常常遭遇类似的尴尬，所以我常常勉励自己，别好高骛远，总想提出什么高深莫测的理论，多扎扎实实地搞些事实描写，为汉语教学提供可靠依据，实乃功德无量之事。于是乎，我就在汉语事实挖掘的田野里劳作了几十年，虽无鸿篇巨制能让我引以为豪，但仍然乐此不疲。

众所周知，动词在语法研究中具有举足轻重的作用，正如吕叔湘（1987）所说，“在某种意义上，动词是句子的中心、核心、重心，别的成分都跟它挂钩，被它吸引住。”正因如此，动词问题一直是语法学界关注的重要课题之一，也是语法教学的重点、难点所在。研究的人很多，研究成果也很多，但不得不承认，问题也很多。我从写硕士论文开始就关注动词和与动词相关的短语问题，博士论文写的是汉语时制表达问题，仍与动词密不可分。因此可以说，我从进入汉语语法研究领域那一天开始，就注定与动词研究结下了不解之缘。但说来未免惭愧，虽然“研究”了这么多年，可仍然时常在众多与动词相关的问题面前茫然不知所措，无法在课堂上对学生简明扼要地予以说明。譬如下列问题就常常令我深感困惑：

1、名动词这一术语自提出以来一直受到质疑，范围无法确定。那么其认定标准到底存在哪些问题？

2、“得(děi)”是一个地道的口语常用词。汉语语法论著或高校教材，几乎都把它列入助动词一类，然而都没有根据各自提出的助动词特点加以论证。只要稍加注意就可以看出，把“得”归入助动词并不合适。那么它到底应该归入哪一类？

3、是否所有述宾短语都有带“了”形式？不同类型的“述宾”与“述了宾”在句法功能上有什么区别？“有韵律”、“拼命”都有带“了”形式，但是，“有韵律”和“拼命”都能做状语，而“拼了命”能做状语，如“拼了命地喊”，而“有了韵律”则不能做状语。这其中隐含哪些规律？

4、在汉语语法学界有一种影响很大的观点，就是谓词性词语作宾语时，述宾之间不能带“了”。然而，这不符合语言事实。那么，能带“了”的到底有哪些类型？谓宾“述了宾”在句中的功能如何？

5、动词性短语带“的”构成的定中偏正短语的结构类型和语义类型都有哪些？各自有哪些组合特点和功能特点？

6、至今为止，几乎所有语法论著和语法教材都认为动词短语和主谓短语作定语要用“的”。然而，这种观点很值得商榷，因为它显然无法解释“旗下楼盘降价事宜、首次辩论日期、教育孩子问题、买官卖官行为”这类反例。那么动词性短语直接做定语的偏正短语到底都有哪些结构类型和语义类型？这类短语得以广泛运用的原因是什么？

为之所困的问题远不止这些，但仅从上述所列就可以看出，汉语动词以及与动词相关短语的研究还存在很多薄弱环节，甚至还有很多基本事实都还没有搞清楚，以致在汉语语法教材以及对外汉语教材中片面乃至错误的观点一直延续至今，严重阻碍了汉语教学质量的提高。要想圆满解决这些问题，除了脚踏实地深入考察相关语言现象并加以全面描写分析以外，并无捷径可走。

本书即是我几十年来针对上述诸多问题所作探索与思考的小结。其中有些内容曾以单篇论文的形式在汉语语法学术研讨会上或在学术刊物上发表过，但由于时间跨度较大，个人观点也随着研究的深入在不断更新变化，因此借结集出版之机，我对原有观点进行了诸多补充、修正、完善，力求反映我对汉语动词及与动词相关短语研究的最新认识。我深知，与动词相关的语言现象纷繁复杂，且处于不断发展变化之中，我虽倾一己之力不断挖掘，也只能触其皮毛，据此所得结论的局限性毋庸置疑。本书敢于拿出来出版，既为自勉，也为与同仁深入交流。如读者能从中略有所获，即可使我深感欣慰。不过既属探索，纰缪之处定非罕见，还望广大读者多多指正。

目 次

第一章

动词分类问题

一、名动词问题

二、“得(děi)”的词类归属问题

三、谓宾动词的范围问题

四、可定动词和非定动词、唯谓动词

五、徒手客移动词语义特征分析

第一章

动词分类问题

一、名动词问题

为解决汉语一部分动词词类划分问题，朱德熙提出并论证了名动词这一概念。但这一术语自提出以来一直倍受质疑。

按照朱德熙（1982、1985a、1985b）诸文的论述，名动词是兼有名词性质的动词，即是动词和名词的混血儿，兼有动词和名词双重性质，也可以看作名动兼类词，如“影响、研究、调查、准备”等等，他们只出现在书面语里，而且都是双音动词。根据他的论述，名动词的语法特点或判别标准归纳起来有如下几个：

a．能做动词“有”的宾语；

b. 能做形式动词“进行、加以、给予、作”等的宾语；

c. 可以不加“的”直接修饰名词；

d. 可以受名词直接修饰；

e. 做形式动词的宾语的时候不受副词修饰，不能带宾语，并列只能用“和”不能用“并”连接，有的还可以受表示数量的词语修饰。

有这么多的特点和限制条件，按理说名动词性质及界限应该是很清楚的，但事实并非如此。

饱受质疑的问题之一就是标准不好把握，范围难以确定。确定名动词时是要求它同时具备上述这五个特点，还是只须满足某一个或两个特点或三个特点？操作起来困难非常大。正如裘荣堂（1994）所指出的那样，能做形式动词宾语的双音节动词中有大量不能做或很难做“有”的宾语，例如“包办、奔波、报名、粉碎”等，这样的词在能做形式动词宾语的双音节动词中约占40%。与此相反，不能做形式动词宾语的双音节动词，有的能做“有”的宾语，或者可以直接受名词修饰，例如“迷信、发现、顾虑、失误”等。其次，能做形式动词宾语的双音节动词有不少不能直接受名词修饰，特别是动补式和表示心理状态的双音动词，如“提高、澄清、查明、批准”、“尊重、重视、注意、信任”等，这样的动词大概占23%。拿可以受名词直接修饰作标准来判断名动词，其前提是名词能做定语，不能做状语。但事实上名词作状语的情形并不少见。张斌（2010）甚至认为“名词直接修饰动词”是汉语语法不同于英语的一个特点。沈家煊（2012）还补充举例说明双音名词作状语跟双音动词作状语经常可以交替，如“笑脸相迎——微笑相迎”、“低价出售——减价出售”等。并且补充说明能受名词直接修饰的不限于名动词和一般双音动词，还可以是单音动词，如“三级跳、姐弟恋、欧洲游、龙虎斗”等。可见把d标准拿来做鉴定名动词的标准说服力不强。可见，a、b、d三个标准不一致，难以协调。

再看c标准。可以直接修饰名词的不光是名动词，其他一些公认的典型的双音动词也可以直接修饰名词。例如：

报到时间　举行地点

举办单位　退休问题

动摇态度　投降政策

上涨时段　下跌风险

落选内幕　逃生场面

结婚传闻　止跌迹象

显然这些直接修饰名词的动词除了符合c标准外，其他四个标准都不符合，根本无法将其归入名动词。而且，还有一点我们无法视而不见，这就是双音动词直接修饰双音名词的定中偏正结构中的动词还存在如下若干扩展形式：

VN_(V+宾语)N

指挥能力——指挥战争能力

教育问题——教育孩子问题

VN_(状语+V)N

吸收政策——大量吸收政策

扩大势头——迅速扩大势头

VN__(主语+V)N

上涨因素——物价上涨因素

追尾原因——地铁追尾原因

VN__(V+V)N

休假权利——带薪休假权利

限电措施——拉闸限电措施

上述扩展形式中，动词带宾语或带状语的结构、主谓结构和连谓结构中的动词体现的是典型的动词功能，而不是名词功能。如果我们把VN结构中的V看作名动词，而把扩展式中的V看作动词，显然缺乏说服力。据我们的研究，有相当一部分述宾短语、主谓短语、状中短语和连谓短语可以直接做双音名词的修饰语，有多种语义类型，具有一定的能产性。[1] 可见把直接修饰名词当作名动词的一个标准存在严重问题。

关于e标准中名动词做形式动词的宾语时有的能带数量修饰语，沈家煊（2012）指出，这也难以说明它们具有名词性质，因为动词都可以受"一次"、"这种"的修饰，还能带宾语，不限于双音动词。而且朱德熙（1985a）也说，能受数量修饰并不是名词区别于动词的语法特点。[2] 他还补充说做形式动词的宾语的时候不受副词修饰，这一条也不是绝对的，有的副词可以修饰名动词，例如"进行互相评价、予以

---

1. 关于主谓短语、状中短语、述宾短语和连谓短语直接作定语的偏正短语的类型与功能的详细分析，请参看第三章。

2. 朱德熙(1985a)，第16页。

及时报道”等。

由上可见，朱先生提出的名动词的各项标准经不起仔细推敲，且相互之间难以协调，很难操作。也正因如此，名动词的范围至今无法圈定，似乎是各行其是。除了标准不好把握，范围难以确定，难以操作之外，名动词的定位还导致理论上的自相矛盾和体系的前后不一致，“导致违背‘简单性原则’，放弃‘汉语动词做主宾语的时候还是动词’的立场，跟朱先生建立的语法体系的主体发生难以调和的冲突”。[1]

由于名动词定位出现上述问题，因而沈家煊（2012）提出汉语“名动包含”的模式，认为汉语名词和动词属于“名动包含”模式，即把汉语的动词看作名词的一个特殊的次类包含在名词这大类里边。但这种观点也同样受到学者的深度质疑。张爱朴（2012）认为该模式犯了以偏概全的逻辑错误，对汉语词类问题的处理有些简单化了。它不仅无法回答“为什么汉语句子中的谓语多数是由动词充当的”这个极普通的问题，而且会衍生出许多充满矛盾的问题，最终会彻底否定现有的词类划分理论。这个代价是我们无法承受的，因为实践证明当代汉语词类划分理论在汉语教学、辞书编纂、翻译、语言的形式化等领域依旧发挥着很大的作用。显然，现有的“名动形”三分的词类系统经过长时间的普及教育已经深入人心，若想推翻重来，必须通过更有说服力的论证才可能得到广泛承认。“名动包含”模式目前显然还缺乏这种论证，但作为一种探索，还是很值得肯定的。

总之，名动词概念、认定标准以及与之相关的诸多理论与实践问

---

1. 参看沈家煊（2012）。

题还远远没有得到令人满意的解决，尚需学界对汉语的事实作更多的更深入的考察与探索。

二、“得(děi)”的词类归属问题

“得(děi)”[1]的词类归属问题在学界并没有取得一致意见。

“得”是一个地道的口语常用词。国内外有影响的汉语语法论著或高校教材，只要提到这个“得”，几乎都把它列入助动词一类，然而都没有根据各自提出的助动词特点加以论证。就目前我们所能见到的各种鉴别助动词的标准来看，把“得”归入助动词并不合适。

中国社会科学院语言研究所词典编辑室编（2012）将“得”分为如下四个义项：

①〈口〉动助动词。需要：这个工程~ 三个月才能完。｜修这条水库~多少人力？

②〈口〉动助动词。表示意志上或事实上的必要：咱们绝不能落后，~把工作赶上去｜要取得好成绩，就~努力学习。注意

1. 为行文简洁，下文提到的“得(děi)”不再注音。

“得”的否定是“无须”或“不用”，不说“不得”。

③〈口〉动助动词。表示揣测的必然：快下大雨了，要不快走，就~挨淋。

④〈方〉形舒服；满意：这个沙发坐着真~。[1]

除义项④的方言用法以外，前三个义项均注为助动词。也有的学者根据不同的义项对前三个“得”作出不同的处理。有的把义项① 的“得”归属于一般动词，如丁声树等（1979）认为“得三天工夫”中的“得”是一般动词，而“得费三天工夫”中的“得”是助动词。[2] 但是，也有的把不同义项的“得”都归入助动词，如吕叔湘主编(1980)就把“这个工作得三个人”中的“得”也归入助动词。[3]

我们先来看看什么是助动词。

到目前为止，助动词的特点各家列出不少，主要有如下几条：

1. 只能后接谓词性成分，不能后接体词性成分；
2. 不能重叠，不能带“了、着、过”等助词；
3. 可以单说；
4. 能用在“不X不”格式中，表示强调或委婉的口气；
5. 可以放在“X不X”的格式里表示疑问。

不难看出，3、5 两条也是一般动词所具有的特点，如“你买不

---

1. 见中国社会科学院语言研究所词典编辑室编(2012)，第273页。
2. 见丁声树等(1979)，第89页。
3. 见吕叔湘主编(1980)，第143页。

买书？——买。”中的“买”显然是一般动词。也就是说，大家公认的助动词须符合1、2、4各条，如“能、应该”等助动词都具备这几条特点。

根据以上所述，义项①的“得”显然应该排除在助动词之外，因为它只符合3、5两条，例如：

(1) A：得不得五百多块钱？

B：得。

而这并不能证明它是助动词。

义项②的“得”符合1 、2 、3、5各条，即它后边只接谓词性成分，不能重叠，不能带“了、着、过”等助词，可以单说，可以放在“X不X”的格式里，例如：

(2) A：得不得等小王一会儿？

B：得。

但是，符合这四条并不足以把它归入助动词，因为象“希望”这类典型的谓宾动词也符合这几条。特点4是区别谓宾动词和助动词的一条重要标准，而义项②的“得”恰恰又与其他谓宾动词一样，不符合这个标准。那么，我们根据什么把它归入助动词呢？

义项③的“得”更难归人助动词，因为它除了具备特点1之外，其他特点都不具备。而且，正如文炼（1982）所指出的那样，用带名词性成分与非名词性成分来区分动词与助动词有欠周密的地方。从动词“会”与助动词“会”的区分上就可以看出这一点。况且从形式上看，一部分谓宾动词（如“觉得”、“主张”等）和副词（如“一定”、“必然”等）也都只能后接谓词性成分，因此，无论如何是难以把义项③的“得”归入助动词的。

为什么按现行标准我们难以把“得”划入助动词呢?原因很简单，它根本就不是助动词。

其实，口语中的“得”有两个，一个是表示需要的“得1”，一个是表示揣测的必然的“得2”。换句话说，中国社会科学院语言研究所词典编辑室编（2012）中“得”的前两个义项应该合二为一。二者唯一的区别就是一个带名词性成分，一个带谓词性成分，而这一点是不足以把它们分开的。它们在语义上是相通的，“意志上或事实上的必要”就是一种“需要”或“必须”。

下面我们看“得1”和“得2”的词性。

“得1”显然应归属于谓宾动词。它能用肯定和否定重叠形式表示疑问，可以单说，如例(1)和(2)，这一点足以把它与副词区别开来。它既可以带体词性成分，又可以带谓词性成分，意义上并无变化。比较下列各组句子不难看出这一点：

（3）办这件事得三个人。

（4）办这件事得用三个人。

（5）果不出王老太太所料，得手术。

（6）果不出王老太太所料，得用手术。

（7）买个新的至少得五十块。

（8）买个新的，至少得花五十块。

（9）这件事得五个人。

（10）这件事得派五个人去。

因此，我们认为“得三天工夫”和“得费三天工夫”中的“得”是同一个“得”，都是“得1”。以上例句中的“得1”都可以用“需要”来替换。此外，从“得1”在否定式中换成“需要”、“用”这一点来看，也可以旁证“得1”是一般的谓宾动词。

“得1”还可以带小句宾语，在主语前出现，这是助动词所不具备的特点。例如：

（11）得经理派一个得力助手去才行。

（12）得小王亲自跑一趟北京，不然事情很难办。

那么，是否可以把这个句首的“得”看成是动词（“派”、“跑”）前的“得”前移的结果呢?不能这么看。因为“得”在主语前和主语后句子意思大不相同。举一个简单的例子来说明。“得小王去”说的是客观上需要小王(而不是其他人)去，“小王得去”说的是小王需要或必须去，二者无论从结构上还是从语义及所表达的信息上看都大不一样。

“得2”只能在谓词性成分之前出现。它或者是谓宾动词，或者是副词，不可能是其他词(如区别词、形容词等)。从上文的辨析中我们已经看出它不具备动词的特点。它不能单独回答问题，不能用肯定否定重叠形式表示疑问，也不能进入“不X不”这个格式中，只能在谓词性成分之前起修饰作用。因此，“得2’，应归入副词。从语义上看，它与副词“必然”、“必将”这类词最为接近，常常可以互相替换而不影响全句内容。例如：

（13）快起床吧，不然得迟到了。

比较：快起床吧，不然的话，必将迟到。

（14）半个月不吃饭就得饿死。

比较：半个月不吃饭就必然饿死。

那么，为什么“得2”前还可以出现“一定’，“必然”这类词呢？原来，“得2”的意义是表示揣测的必然，它含有两个义素：“揣测”和“必然”。所以，在说话当中，我们想要强调必然性时，就可在“得2”前加“一定”等词，例如：

（15）我不去的话，他一定得来。

如要强调揣测性时，就可在“得2”前加“可能”一类的词，例如：

（16）他可能得去。

综上所述，现代汉语口语中有两个“得”，一个是表示需要或必须义的动词“得1”，一个是表示揣测的必然义的副词“得2”，并不存在助动词“得”。

三、谓宾动词的范围问题

所谓谓宾动词是指“只能带谓词性宾语的及物动词”。[1] 也有的教材将兼宾动词（既能带体词性宾语，也能带谓词性宾语的及物动词）也归入谓宾动词。[2]

从上述定义来看，似乎谓宾动词的界线不难划清，但只要稍加注意就会发现，目前汉语语法教材中有关谓宾动词的范围各不相同。而且，不少汉语语法教材所列的谓宾动词中都包含了一些能带体词性宾语的动词，即将兼宾动词归入了纯谓宾动词。如很多教材都将“开始”和“进行”归入谓宾动词[3]，但事实上这两个动词都不仅能带谓词性宾语，而且还能带体词性宾语。例如：

（1）马上又要开始新的一年了，让我们大家祝小爽新年快乐！

（2）既然已经开始了这一条路，那我们就坚持走到底。

（3）今天我要开始新的生活。

（4）著名企业家林立人针对网络时代的创业与责任为大家进行了一场精彩的讲座。

（5）群雄进行了慷慨激昂的挑战宣言，结束了第一环节的挑战，我幸运的获得这环节的第一，加了3分。

（6）一名叫布伦丹的神父，对一个小女孩进行了猥亵下流的动

1. 邵敬敏主编（2007），第190页。

2. 刘月华（2001），第155页。

3. 如邵敬敏（2007）第190页，刘月华（2001），第155页。

作。[1]

可见，将这两个动词归入纯谓宾动词是很值得商榷的。

此外，刘月华等（2001）将“喜欢、从事、给予、装作、受”等看作只能带谓词（动词、形容词）宾语的谓宾动词[2]，邵敬敏（2007）将“防止、感到、结束、停止”等归入谓宾动词[3]，也都很值得商榷。因为它们也都能带体词宾语，例如：

（7）它最喜欢古典文学。

（8）无论从事什么职业，都应该精通它！

（9）平凡老公给予了我幸福的世界

（10）为了提高价格，孙艳用鸽子血让卖淫女装作处女。

（11）一般老百姓也受不了这个窝囊气，您身为上卿，却一点也不感到羞耻。

（12）新农村建设要防止五种不良倾向

（13）在城市，新生代农民工流露的各种表情，让全社会感到一种沉甸甸的责任。

（14）我结束了我的高中生活，注定着这个假期不平凡。

（15）你不应该在这里停止前进的脚步。

1. “进行”所带名词性宾语多为带有修饰语的偏正短语，名词中心语大都是包含动词性语素的名词，或者名词前有动词性修饰语。

2. 刘月华（2001），第155页。

3. 邵敬敏主编(2007)，第190页。

我们很难说这些动词带体词宾语与带谓词性宾语有什么本质上的差异，所以，应该把这些动词归入兼宾动词。

由上可见，有关纯谓宾动词的范围应该重新加以圈定，将上述能带体词性宾语的动词剔除在外。

附带指出，体宾动词的范围划分得也并非十分清楚。如不少教材，如邵敬敏（2007），将“取得、服从、出现”看作体宾动词就很难成立[1]，因为他们都能带谓词性宾语，例如：

（16）夫妻如何取得信任？

（17）至今未接到任何通知，也不便发表任何言论，一切服从安排。

（18）从20日开始，金店的旧金回购业务突然出现了大幅上升。

所以它们宜归入兼宾动词。

1. 同上。

四、可定动词和非定动词、唯谓动词

4.1 可定动词与非定动词

做定语是动词最为基本的功能之一，但并非所有动词都能做定语。因此，根据能否作定语，我们可以把动词分为可定动词与非定动词。显然，绝大部分动词都具有做定语的功能，因而都是可定动词。

非定动词主要有如下几类：

4.1.1 粘宾动词：

吴锡根（1994）根据现代汉语动词和宾语之间不同的同现关系，把动词分为粘宾动词、无宾动词和自由动词。他所说的粘宾动词就是指必须带宾语才能使用的动词。他分析了粘宾动词的语法特点：必须带宾语，不能带补语，不能单说，大部分不能和动态助词结合，不能重叠。粘宾动词动作性很弱，属于非动作动词。他以《现代汉语词典》为统计对象，对其中的粘宾动词作了统计，结果是，该词典一共收入现代汉语动词12404个，其中粘宾动词有372个，约占动词总数的3%。

既然粘宾动词必须与宾语同现，当然也就不能单独充当定语，因而都属于非定动词。下列几类都属于粘宾动词：

a. 关系动词。例如:

是 像 等于 属于

姓 当 当作 好像

看作 当成 成为 称

称作 称为 叫做

等于 意味着

b. 助动词。例如:

可以 可 要

应该 应 该

能够 能 会

c. 使令动词。例如:

使 让 促使 报请

促使 致使 勒令

令 密令 迫使 使得

责成 责令 纵令

d. 某些结果义动词。例如:

打倒 认清 推翻 击溃、

e. 后附式“得”类动词和“于”类动词。例如:

懒得 显得 值得

舍得 省得 认得

惯于 置于 至于

适于 敢于 善于

用于 基于 在于

f. 某些纯谓宾动词。例如：

加以 予以 给予

严加 企图 认为

以为 感觉 力图

忍心

g. 其他。例如：

得(děi) 着手 总计

作为 参见 充满 多亏

有劳 投身 不及

4.1.2 粘状动词

蔺璜（1996）首先提出粘状动词的概念。指出粘状动词不能单说，也不能单独充当句子成分，是典型的黏着动词。用它构句或充当句子成分时须有一个介宾短语充当其状语，离开介宾短语，即使带上一些其他成分，句法上语义上也不能自足。根据这一特点，可以确定粘状动词都属于非定动词。下列粘状动词大都引自蔺文：

着想 自居 为首 为生

为敌 看齐 作对 相待
相称 论处 论罪 效劳
效死 效命 致敬 致贺
道别 道贺 撑腰 无干
长辞 争光 交恶 联手
施压 抗衡

4.1.3 某些不及物动词

多为具有文言色彩的古语词。例如：

言欢 言和 言说 言笑 言传
（“言”类动词）
留步 笑纳 海涵 宽宥
(用于客套语的动词)
到来 完毕

4.2 唯谓动词

作为一个整体，动词具有多种功能。做谓语是其所有成员都具备的最基本的功能，除此以外，有的还能充当定语、补语、状语、主语、宾语。

根据是否只能在谓语位置上出现，我们可以把动词分为唯谓动词和非唯谓动词。显然，绝大多数动词都是非唯谓动词，而上节所谈的非定动词大部分也都同时是唯谓动词。其他如：

探微 发飘 发怔 翻弄
翻新 烦劳 劳驾 借光

唯谓动词很值得研究，因为它有助于说明动词的功能特点，但到目前为止还没有人进行全面深入的考察。这里简略提出，希望能引起足够的重视。

五、徒手客移动词语义特征分析

5.1 关于徒手客移动词的定义句式

邱广君(1982、1997)曾先后通过“V出N”、“VRN”的变换情况定义了移动动词，把移动动词里的N改为L(处所)，用前面能加“把N”定义了“他移动词”（这里改称为“客移动词”）。徒手客移动词的定

义句式可以概括如下:

A(用I) 把NMVRL(来/去)

上式中A=人，I=手部名词，N=动作客体，V=动词，R=客向，L=处所，来/去=主向。

显然，能进入上面定义句式的动词不一定全是手部客移动词，尽管也有手部参与。例如:

（1）他把书包背在肩上。

也可能是使用工具的手部客移动词，这时“用I”中的“I”可为非手部名词，例如:

（2）他们(用勺子) 把面条盛进碗里，让大娘和玉秀坐到桌前吃饭。

（3）妈妈也动了感情，早(用筷子) 把菜夹到安然碗里了。

有的动词有时能进入上面定义句式，这时它是徒手客移动词；有时不能进入上面定义句式，这时它不是徒手客移动词。例如:

（4）他用手把船划到对岸。(这句里的“划”是徒手客移动词)

（5）他用桨把船划到对岸。(这句里的“划”不是徒手客移动词)

徒手客移动词的共同语义特征可分析为:

+有生

+人

+手部

+徒手(不借助工具)

+涉外

+位移

+客体位移

徒手客移动词包括“投、扔、抛、甩、撇、撒、扬、撩、弹、拣、拾、掏、抠、捞、取、摸、拔、拿、抢、夺、接、拉、拖、拽、牵、扯、抻、揪、抓、抽”等100 多个。

5.2 定义句式中各项的分析

根据定义句式“A(用I)把NMVRL(来/去)”可以看出，V的搭配项有A、用I、把N、M、R、L、(来/去)七项。可分别概括如下:

A: 是句式的主语，客移动词的施事，是人。

用I: 整个结构是动词的状语，I是与手有关的部位，有时可省略“用”字。

把N: 整个结构是动词的状语，N是客移动词的客体，是人或手触及的对象。

M: 是动词的状语，是对动作方式特点的描述或说明。

R: 是动词的补语，补充说明动作客体对处所的方向。

L: 是动词补语R的名词短语，是与动作客体位移有关的处所。

来/去: 也是补语，是说明动作客体N对说话人方向或其感知情况的。

下面根据这七项对动词的语义特征进行分析。

5.2.1 A项的分析

从人称名词表示的数量看，有以下两种情形:

表单数，由人称名词、代词及专有名词充当: 他、我、张强、一个学生、一个工人等。几乎所有客移动词都能与表单数的名词连用。

表复数(两个或两个以上的人): 他们、他俩、三个工人、大家、王刚和小刘等，能与这些词语连用的动词有: 抬、搬、拉、推等。而“抬”必须是两个人或更多人。

5.2.2 I项的分析

表手部动作部位的词语可分为如下几类:

手指: “用手指”、“用食指”、“用中指”、“用大拇指”、“用两个手指”、用指头”等，连用动词有: 夹、弹、勾、捅等。

指甲："用指甲"，连用动词有：掐、抠、挠等。

指肚："用指肚"，连用动词有：捻、拈、捏等。

掌面："用手掌"、"用巴掌"、"用掌心"，连用动词有：捧、摁、搓、压、拍等。

掌侧："用掌侧"，连用动词有：砍、劈等。

拳头："用拳头"，连用动词有：捶、擂、抡等。

手部："用手"、"用左手"、"用右手"，连用动词有：拿、握等。

单手："一手"、"一只手"，连用动词有：投、拎、捡、掀等。

双手："用双手"、"用两手"，连用动词有：捧、端、搬、抬等。

双臂："用双臂"、"用两臂"，连用动词有：搂、抱等。

5.2.3 N项的分析

表客体的词语可分为如下几类：

指人：倩倩、他、一个小孩等，连用动词有：挽、推、搡、抓等。

液体：药水、酒、水，连用动词有：撩、洒等。

粒状：米、味素、沙子、尘土、豆子等，连用动词有：撒、扬、捧等。

可折叠的片状物：衣服、蚊帐、门帘、被子等，连用动词有：挂、掀、掖、叠等。

条状物：棍子、刺刀、筷子、扁担、拐棍等，连用动词有：插、拔、捅等。

带提手或上梁儿的：手提包、网兜、信号灯、水壶等，连用动词有：提、拎等。

重物：电冰箱、钢琴、手推车等，连用动词有：搬、抬、推、拖等。
盛具的把儿、边儿：茶杯、碗、盆等，连用动词有：拿、端等。
盛具的底儿：盘子、茶杯、碗、盆等，连用动词有：托、捧等。

5.2.4 M项的分析

表动作方式的词语可分为如下几类：

表动作者多数的行动方式：一齐、一块儿、一起等，连用动词有：搬、抬等。
表动作急速和缓慢的：
急速的：急速地、迅速地、快速地、猛、一把、一下子、立刻等，连用动词有：摔、抢、抡、夺等；
缓慢的：慢慢地、小心地等，连用动词有：放、搁、端、搀等。
表动作用力和不用力的：
用力的：使劲地、用力地、狠狠地、猛力地、拼命地、紧紧地等，连用动词有：投、抬、推、拖等；
不用力的：轻轻地等，连用动词有：放、搁、撂、摆等。
表动作往返的：来回、上下、左右、前后等，连用动词有：摇、挥、晃、抡等。
表动作随意性的：随便地、随手、漫不经心地、随意地等，连用动词有：扔、丢、摔、撕等。
表动作起点、处所边缘、路径的：从+ 处所词语：从商店内、从后面、从山上、从兜里、从手提包里、从水里、从楼梯上、从羊肠小道上等。“从”后词语意义可以概括成 “空间、范围或客体内部”，连用动词有:扔、掏、抽、搬等。它们都能进入“A 从L V R N ”句式（如“他从兜里掏出一块糖”）。

表移向目标的: 朝/ 向+ 处所词语: 朝卖饭口、朝这里、朝屋里等，连用动词有: 投、扔、撇、撒、挂等。这类动词都具有客体与手分离或施事不随客体移动的语义特征。

表客体附着点的: 往+ 具体 处所词语: 往腰带上、往炕席下、往包里、往口袋里等，连用动词有: 插、放、塞、搭等，这些动词都有附着的语义特征。

表动作本身方向的: 用“往上、向上”表向上，可与其连用的动词有: 提、举、拣等。用“往下、向下”表向下，可与其连用的动词有: 放、搁、撂、摔等。用“往前、向前”表向前，可与其连用的动词有: 投、抛、弹、推等。用“往后、向后”表向后，可与其连用的动词有: 扬、扔、撩、拿等。用“往外”表从里向外，可与其连用的动词有: 掏、抽、抠、捞等。用“往里”表从外向里，可与其连用的动词有: 插、揣、掖、塞等。用“往空中、朝空中、向空中”表向空中，动词有：投、抛、甩、掷等，这些动词都有 “(手与客体)分离”的特征。用“往左、往右、往前、往后、往左、往右、往前、往后、往上、往下、往里、往外”等不同词语分别表示动作的不同方向。能与上述词语连用的动词可以有多个方向，但每次实现的只能是一个，动词有:扔、拉、拖等。用“上下、左右、来回”表双向，动词有：摇、晃、挥等。

5.2.5 R项的分析

放在动词和处所之间的R项包括趋向动词和介词“在、到、向、给、往”。

趋向动词及所表示的语义分别如下：

上：表客体向高处移动，连用动词有：挂、抬、投、提等。

下：表客体向低处移动，连用动词有：放、撂、拉、撕等。

进：表客体向内部移动，连用动词有：揣、掖、插、塞等。

入：同“进”，书面色彩较浓。

出：表客体由内部向外部移动，连用动词有:抽、拔、摘、抠等。

回：表客体返回原处，连用动词有：搬、推、放、拖等。

过：表客体越过障碍等，连用动词有：投、推等。

来：表客体向着说话人的方向移动，连用动词有：抢、接、拽、甩等。

去：表客体向离开说话人的方向移动，连用动词有：递、拖、推、摔等。

介词及所表示的语义分别如下：

在：表客体接触终点处所表面，这时后面表处所名词语常带“上”、“上面”等，连用动词有：扔、搁、摆、放。表到终点处所内部，这时表处所词语后常带“里、中、里面、里边”等，连用动词有：揣、掖、按、插等。

到：表接近或接触终点处所，这时表处所名词语后常有方位词“前、后、边、上”等。表到终点处所内部，这时表处所名词语后常有方位词“里、中”等。

向/往：指向终点处所。

5.2.6 L项的分析

5.2.6.1 L与N的异同：

L与N都由名词语表示，但L多由处所名词语表示，L可放在“往、从、在”后提到V 前，其处所意义不变，N 则不行；N前加“把”后可提到V前，L则不行；L的处所意义尽管没有变化，但由于前加介词不同，在V的前后不同，这种处所意义已有细微不同：放在动词前时是动作进行的处所，放在动词后时是动作完成后的处所。

5.2.6.2 VRL→往LV

当R = 上、下、进、入、回、到、向、往，V R L→ 往L V，例如：

（1）扔到水里→ 往水里扔

“上”后出现的词语有:平台、屋顶、猴山，可概括成高处。“下”后出现的词语有：油锅、地、水，可概括成低处；车、马，可概括成高处；“船”既可以是低处也可以是高处，要看具体情况。“进(入)”后出现的词语有：屋里、兜里、肉锅、书包等，可概括成内部。“回”后出现的词语有：手提包、教室等，可概括成空间。“到”后出现的词语有:水里、急诊室、铅丝上、房顶上等，连用动词有：扔、挂、等，往往有V 到L → V L ，可概括成空间。“手中、手里”等，连用动词有：拣、抬、拿、抢等（如“扔到水里→ 扔水里”），可概括成“手中”，这类动词都具有“获得”的语义特征。“向、往”后出现 的词语有：空中、看台、人群等，可概括成空间。

5.2.6.3 VRL→从LVR

当R=出，VRL→从LVR，例如：

（1）扔出教室→ 从教室里扔出

“出”后出现的词语：房间、山洞，可概括成空间范围。

5.2.6.4 V在L

存在两种情况，一种是：

V在L→V到L/往LV

例如：

（1）扔在房顶上→扔到房顶上/ 往房顶上扔

“在”后词语有：楼道里、棚顶上、车轮下面、案板上等，表示客体向这个终到处所移动，是动态的，L可概括成实物表面或空间，能处于这个变换式中的动词，一般都有非“附着”、“持续”的语义特征，如：扔、甩、撇等。

另一种是：

V在L→在LV/LV着N

“在”后词语有：花盆里、车把上、桌子上、绳子上、口袋里等，表示客体移动后所在的具体位置，是静态的，一般来说，施事不在这个位置上。例如：

（1）挂在绳上→ 在绳上挂着/ 绳上挂着衣服

L可概括成实物表面空间，能处于这个变换式中的动词，一般都有

“附着”、“持续”的语义特征，如：搭、挂、夹、插等。

以上对处所的概括很笼统广泛，在对动词进行语义描写时，可以进一步区分。如“掏”“抽”的处所语义都概括成空间，但在具体描写时，可指出“掏”的处所是内部，“抽”是“空隙内”。

5.2.7. “来/ 去”项的分析

“来”表示客体向着说话人的方向移动或向着说话人感知到的方向移动。例如：

（1）卢卿把小镜子掏出来。
（2）你把衣服抱来。
（3）他从褥套里把这双鞋拿出来。
（4）把药箱子拿下来。
（5）你把玉才接过来。
（6）好容易爬到洞口，马上有人伸手把他拉了出来。

“去”表示客体向着离开说话人的方向移动或向着说话人感知不到的方向移动。例如：

（7）他把老工程师拉到掩蔽所里去了。
（8）我们把这列车推过桥去。
（9）他把纸条从弹药箱的缝隙中塞了进去。

5.3 徒手客移动词语义特征分析的意义

以上通过句式变换及对句式各项的语义限制定义客移动词，然后用句式中的各个搭配项的语义小类来分别详细分析动词的语义特征及各种搭配关系，揭示了现代汉语中徒手客移动词与句中前承成分和后续成分的共现关系，力图为汉语动词小类语义特征分析开辟一条新的途径。这种分析与传统的功能为主的分析相比，似乎显得有些繁琐，但还是很有价值的。它不仅对汉语动词小类划分及语义特征分析具有理论价值，而且对汉语电子词典编写、自然语言理解、机器翻译以及对外汉语教学等都具有重要的现实指导意义。可以说，从满足对外汉语教学和计算机语言处理需要等实践方面来看，我们的动词研究还有漫长的路要走。

第二章

带“了”的述宾短语的类型和功能

第二章

带“了”的述宾短语的类型和功能

一、“V了O”研究的必要性

在现代汉语语法研究中，述宾短语作为一种重要的短语类型，时态助词“了”作为重要的时体标记，历来受到普遍的重视，针对述宾短语和“了”的研究无论在句法功能分析方面还是在的语义描写分析方面都取得了相当多的成果，然而利用这些成果我们还是无法解释许多语法现象以及汉语教学中提出的问题。很多现象还有待深入挖掘，很多问题有待进一步探索。带“了”的述宾短语句法功能问题就是其中之一。[1]

1. 为行文简洁，下文用“V了O”指代带“了”的述宾短语。“V”指述宾短语中的述语，可以指单个动词，如“看了书”、“挨了打”中的“看”、“挨”，也可以指动词短语，如“看完了书”、“爱好上了滑冰”中的述补短语“看完”、“爱好上”。“O”指述宾短语中的宾语，可以是单个词，如“忘了时间”、“挨了打”中的“时间”、“打”，也可以是短语，如“忘了开会的时间”、“忘了该说什么”中的“开会的时间”、“该说什么”。

到目前为止，把带“了”的述宾短语作为一个考察整体进行描写分析的研究十分少见，因此很多与此相关的问题都没有得到很好的描写解释，有的甚至还未引起人们的注意。比如下列问题都是有待我们进一步思考并加以研究解决的问题：

1、是否所有述宾短语都有“V了O”组合形式？“V了O”都有哪些类型？

2、不同类型的“VO”与“V了O”在句法功能上有什么区别？“有韵律”、“拼命”都有带“了”形式，但是，“有韵律”和“拼命”都能做状语，而带“了”的情况则不同，“拼了命”能做状语，如“拼了命地喊”，而“有了韵律”则不能做状语。这是为什么？

3、“V了O”述宾短语在句中都能充当哪些句法成分？不同句法成分与“V了O”的小类是否有选择关系？比如“来了客人”可以在谓语位置上出现，如“他家来了客人。”但不能用在补语位置上，而“吐了血”既可以在谓语位置上出现，还能在补语位置上出现，如“她累得吐了血。”这该如何解释？

4、“V了O”述宾短语在不同的句法位置上，“了”的作用是否相同？其所呈现的时态功能有什么差异?在哪些句法位置上呈现绝对时的表时功能，在哪些位置上呈现相对时的表时功能？

5、谓词性词语做宾语时，动宾之间到底能不能带“了”？能带“了”的有哪些类型？谓宾“V了O”在句中的功能如何？“了”的作用是否有什么变化？

……

问题绝不限于上面所列，但仅从这些问题就可以看出，要弄清“V了O”述宾短语的功能，充分揭示隐藏在其中的句法规律，尚有很多研究工作要做。以上所列问题的合理解决有助于揭示现代汉语时制表达系统的特点和规律，加深我们对述宾短语和时态助词“了”的本质属性以及现代汉语的时制特点的认识，其研究成果对汉语教材的编写，教学计划的调整等，都会产生积极的影响，从而有助于提高对汉语教学，尤其是对外汉语教学的质量，对指导人们的实际应用也会大有帮助。

二、体宾“V了O”的类型和功能

2.1 体宾“V了O”的类型

从整体类型上来看，体宾“VO”大都有“V了O”与其对应。现将各类“V了O”与“VO”配对列举如下：

1）施事宾语：

a. 宾语为动作行为的发出者：

VO：来三个人

V了O：来了三个人

b. 宾语为当事（与动作行为相关的主体）：

VO：丢钱包

V了O：丢了钱包

c. 宾语为表示不以人的意志为转移的现象或事物：

VO：下雨

V了O：下了雨

2）受事宾语：

VO：喝水

V了O：喝了水

3）结果宾语：

VO：挖井

V了O：挖了井

4）工具宾语：

VO：跳绳

V了O：跳了绳

5）方式宾语：

VO：邮快件

V了O：邮了快件

6）时间宾语：

VO：起五更

V了O：起了五更

7）处所宾语：

VO：睡大床

V了O：睡了大床

8）原因宾语：

VO：躲债

V了O：躲了债

9）目的宾语：

VO：考大学

V了O：考了大学

10）对象宾语：

VO：请教老师

V了O：请教了老师

11）使动宾语：

VO：热菜

V了O：热了菜

12）角色宾语：

VO：踢前锋

V了O：踢了前锋

13）同源宾语：

a. 宾语为动宾式离合词的后一个成词语素：

VO：拼命

V了O：拼了命

b. 宾语为非动宾式离合词的后一个成词语素：

VO：铁心

V了O：铁了心

c. 宾语为离合词中后一个无意义的音节：

VO：洗澡

V了O：洗了澡

14）形动词宾语：

汉语中有少数形容词在一定的条件下可以带上宾语，如将这一类能带宾语的形容词作为兼类词处理，则可将这类形容词称为形动词，此类短语亦可划归述宾短语。这类形动词宾语“VO”大都有“V了O”对应形式，例如：

VO

端正态度

红脸

宽大俘虏

多三个人

V了O

端正了态度

红了脸

宽大了俘虏

多了三个人

有的甚至只有V了O形式，而无VO形式：

V了O

慌了手脚

白了胡子

瘪了胎

VO

*慌手脚[结构不成立]

*白胡子[定中短语]

*瘪胎

15）关系宾语

关系动词一般都不能带“了”，因此由“是、系、为、姓、属于、大于、小于、等于、像、好像、好比、好似、类似、似、如、如同、犹如、叫、名叫、叫做、称”等关系动词构成的“VO”述宾短语都没有“V了O”与其对应。

但如果把表示领有关系的“有”类动词和表示断定关系的“成”、“成为”类动词归入关系动词的话，上述结论就要加以修改。因为由这些词构成的VO述宾短语都有V了O与其对应。例如：

VO

有钱

成酒鬼

成为网民的公敌

V了O：

有了钱

成了酒鬼

成为了网民的公敌

2.2 “V了O”的功能

2.2.1 唯谓“V了O”

所有的“V了O”都能在谓语位置上出现，其在谓语位置上的功能也是前人讨论得最为充分、认识最为深刻的。这里只想指出一点，有的“V了O”只能作谓语，没有充当其他句法成分的功能（有的可以和“以后”一类方位词组合成方位短语），可称之为唯谓“V了O”。以下几类“V了O”都属于唯谓“V了O”：

1）述语为动词带“了”重叠的“V了O”：

看了看我
听了听手机里的歌

2）带“个”的同源宾语类“V了O”：

洗了个澡
立了个正

3）带有数量短语修饰语的施事类“V了O”：

走出来了一个老大娘
飞进了两只苍蝇

4）“V”前或“O”前，或“V”和“O”前都带有复杂修饰语的“V了O”：

一起手拉手地走进了教室
买到了一本对孩子很有教育意义的童话书
昨天刚刚在百货商店买了一个非常漂亮的木头玩具

5）“V”为带有复杂数量补语或趋向补语的“V了O”：

去了十来次北京

住了十几天医院

飞进来了几只苍蝇

显然，上边所说的“（结构）复杂”是相对的，具有一定的模糊性。这样表述似乎更准确：宾语“ o ”和述语“V”结构越复杂，这个“V了O”充当其他句法成分的能力就越弱。这有助于说明为什么“V了O”作谓语比作其他成分更为多见。

2.2.2 “V了O”做主语

经常做主语的是受事、施事、结果、关系、工具、处所、角色、形动词、同源类“V了O”，方式、时间、使动、对象类“V了O”一般不用在主语位置上。

根据谓语性质的不同，可以分为如下几类：

1）“V了O”做等同句的主语

“V了O”做主语，谓语最常见的是由“等于”、“是”、“意味着”这类表示等同关系的动词作述语构成的述宾短语，整个句子表示主语所表事件与谓语所表事件相同或相似的意思。例如：

（1）买了银滩房子等于买了一个希望。（受事“V了O”）

（2）有了房子不等于有了家。（关系“V了O”）

（3）在草原上，来了客人总是一件让人高兴的事。（施事“V了O”）

（4）但我想足球不是拳击，缺少了一个队员就意味着失去全部。（形动词“V了O”）

2）“V了O”做使令句的主语

“V了O”还经常做由“让”、“使”做第一个动词的使令句的主语，例如：

（1）上了大学，让我一无所有。（处所“V了O”）

（2）不知是因为性格决定大羽踢前锋，还是踢了前锋让他有如此性格，感情上大羽也喜欢主动出击，他不喜欢“倒磕”的女孩。（角色“V了O”）

（3）丢了钱使我陷于困境。（施事“V了O”）

（4）洗了澡并没有使我觉得好些。（同源“V了O”）

3）“V了O”做形容词谓语句的主语

“V了O”在形容词谓语句中做主语，“V了O”所表事件成为描写说明的对象。例如：

（1）丢了钱包很上火（施事“V了O”）

（2）吃了别人的嘴软，拿了别人的手软。（受事“V了O”）

4）“V了O”做谓语为“怎么办”的疑问句的主语

“V了O”在疑问代词“怎么办”做谓语的句中做主语，“V了O”所表事件是询问的对象。例如：

（1）中午来了客人怎么办？（施事“V了O”）
（2）遇到了打劫的怎么办？（受事“V了O”）

应该指出的是，3）、4）两类“V了O”作主语的句子大都可以转换成因果、假设条件等关系的复句。如“丢了钱包很上火——因为丢了钱包，所以很上火。”、“中午来了客人怎么办?——假如中午来了客人，那么我们怎么办？”所以，把这两类句子看成紧缩复句也未尝不可。

5）“V了O”做评议性助动词谓语句或述宾短语谓语句的主语

例如：

（1）不过我们是一个整体，少了一个队员，不会造成很大影响。（形动词“V了O”）
（2）出了质量问题只能说明他的内部质量监控体系有问题。（施事“V了O”）

2.2.3 “V了O”做宾语

做宾语是“V了O”的主要功能之一，经常做宾语的是施事、受事、结果、使动、工具、方式、处所、关系、对象、同源、形动词类

“V了O”。时间、原因、角色类“V了O”一般不做宾语。

经常带“V了O”宾语的动词有如下几类：

1）关系类动词

关系动词“等于、是、相当于、像、好像、如同、算（是）、等于”是最常见的能带“V了O”宾语的动词，除了时间类、原因、角色类以外，其他各类“V了O”都能做关系类动词的宾语。其中“等于”句最为多见。例如：

（1）满足的傻瓜，哭过了，就等于下了场雨，雨后就会天晴。（施事类“V了O”）

（2）商业城那些摊主像吃了火药，那么凶。（受事类“V了O”）

（3）他很奇怪，以前跟小菊在一起，他们仅仅是亲了几次嘴，他就对她已经很了解了。（同源类“V了O”）

（4）选择结婚就相当于给自己挖了一个坟墓。（结果类“V了O”）

2）感觉类动词

感觉类动词是指“觉得、感到、感觉、后悔、担心、怕、怀疑”这类表示心理感觉意义的动词。能做这类动词宾语的是受事、施事和对象、使动、形动词、目的类“V了O”。例如：

（1）龙云良也不答话，他好像在找什么东西，东瞅瞅西看看，好像不放心，担心损坏了他什么东西。（受事类“V了O”）

（2）失去理智的时候那是因为你比较冲动，比较好奇，比较懵懂，所以会感觉失去了理智。（施事类“V了O”）

（3）这时他便有些后悔把他和小菊的事情告诉了她。（对象类“V了O”）

（4）他怕过分认真会伤她的心，怕她在他面前大哭大闹，或者，怕惊动了她，使他警觉起来。（使动“V了O”）

（5）他虽然觉得麻烦了人家，可还是感到很骄傲，因为这么漂亮的女人是属于他的。（形动词类“V了O”）

（6）来重庆邮电有一段时间了，我很后悔考了这个学校！（目的类“V了O”）

3）视听、言说类动词

视听、言说类动词是指“听说、听见、听到、看见、看到、见到、发现、说、称、问、告诉、表示”这类与视听和口头表达行为相关的动词。经常做这类动词宾语的是施事、受事、结果、处所类“V了O”。例如：

（1）老人的家里很干净，看见来了客人，老人显得很开心。（施事类“V了O”）

（2）教室里一片哗然，听到名字的人纷纷表示已经交了作业。（受事类“V了O”）

（3）姥爷说推了一身汗，结果只有批评没表扬。（结果类“V了O”）

（4）山脚下有个洞，常年有水，听说通到了地下河。（处所类“V了O”）

4）知晓、认证、显示类动词

所谓知晓、认证、显示类动词是指“知道、证实、证明、表明、显示、表示、确诊”等这类表示知晓、证明、显示意义的动词。经常作这类动词宾语的是施事类、受事类“V了O”。例如：

（1）经电话联系很快找到了杨女士，此时的杨女士竟然还不知道丢了钱包。（施事类“V了O”）

（2）凭良心说，吕鸠久做副校长不到3年，还是做了许多大事，例如推行教考分离，虽然不少人反对，但事实证明对提高教学和考试质量起到了良好的作用。（受事类“V了O”）

5）肯定否定类动词

肯定否定类动词指“承认、认定、确认、确定、否认”这类表示说话人肯定或否定态度的动词，经常作这类动词宾语的是受事类、施事类和结果类“V了O”。例如：

（1）顾客认定错收了钱，怎么办？（受事类“V了O”）

（2）人大主任否认丢了80万（施事类“V了O”）

（3）调查取证和调解的过程艰苦繁琐，开始该厂虽然承认挖了沟，但认为事故主要是因”摩的”司机避让不及造成的，厂子没有责任，只同意象征性的给一点补偿。（结果类“V了O”）

6）“开始”

“开始”可以带施事类、关系类、使动类“V了O”做宾语。由于“开始”带动宾短语作宾语时，很多不能带“了”，因此当要表达“开始”的“已然”“完成”的时体意义时，只能将“了”置于作宾语的动宾短语之中，形成“开始‘V了O’”这种结构。因此可以将“开始‘V了O’”中的“了”看成是“开始”的时体成分的后移。例如：

（1）好多天使都是这样的，本来是纯纯的，因为感情受到的挫折，就开始失去了理智....（施事类“V了O”）

（2）他开始有了钱。（关系类“V了O”）

（3）两家公司为向公众及用户表明自己立场，都开始尽自己一切所能地开动了宣传机器，争先发表有关这次谈判失败的理由，...（使动使动“V了O”）

2.2.4 “V了O”做介词宾语

经常带“V了O”做宾语的介词有两个，一个是“比”，常带施事类“V了O”做宾语，例如：

（1）所以钱比长了腿还跑得快。

（2）原来博客被黑掉，比丢了钱还难受。

另一个是表示起始时间的“自从”，可以带施事、受事、处所、角色、关系、同源等多种“V了O”做宾语，例如：

（3）自从下了雨，这批抗旱器材是根本卖不动了！（施事类“V了O”）

（4）自从得了这个病，老公的心理也似乎出了问题，总是害怕别人知道他得了性病，心虚得要命，凡事都要我替他挡着。（受事类“V了O”）

（5）以前读书的环境都是思想比较成熟的人，但是自从读了大学，周围的人比较幼稚老喜欢从背后在你看书的时候吓你。（处所类“V了O”）

（6）自从当了局长，那是”相当地忙”！（角色类“V了O”）

（7）可是，自从有了孩子，这几个月的长假我过得特别心安理得，而且很充实。（关系类“V了O”）

（8）自从结了婚，几乎每月都接近入不敷出，哪还有什么别的心思！（同源类“V了O”）

2.2.5 “V了O”做定语

2.2.5.1 做定语的“V了O”的类型

做定语也是“V了O”很常见的一种功能。“V了O”做定语有两个特点：

第一，结构形式短小。

和在谓语和宾语位置上的“V了O相比，定语位置上的“V了O”结构都比较短小，“V”和“O”都是单词的最为自由，也最为常见。超过五个词的复杂的“V了O”受到的限制较多，出现频率很低，尤其是

"V"和"O"都由短语构成的"V了O"更为少见。

第二，需要"的"的帮助，不能直接做定语。

不带"了"的述宾短语做定语有的可以不带"的"，如"打击经济犯罪问题"、"取得证书时间"、"领取证书地点"、"打人事件"，但"V了O"做定语则一定需要"的"的帮助。

常做定语的"V了O"有如下几类：

1）同源类"V了O"

上边说过，结构短小的短语作定语最为自由，同源类"V了O"结构最为简单，多是由离合词插入"了"构成，因而，它是最常见的做定语的"V了O"类型。例如：

（1）只有结了婚的人才有小孩。

（2）竞技比赛照了相的会员请把照片尽快上传……

（3）初恋的约定就像一张过了期的彩票。

（4）他慌忙松手，我本想顺势跳下，却忘了刚才在湖里抽了筋的腿。

2）施事类"V了O"

例如：

（1）胡梅娜送水送到死了人的二十八床，看到这家雇的护工坐在裸露的床垫上高谈阔论。

（2）丢了钱包的外国朋友 请速与楚天都市报联系

3）受事类“V了O”

例如：

（1）也只有像老刘这样读了无数哲学书的人才敢把女疯子放到合川黑山的长湖。

（2）小达像是一只被人踩着了尾巴的田鼠。

4）结果类“V了O”

例如：

（1）挖了沟的路面有人负责修复_

（2）在老家盖了房子的朋友请进

5）处所类“V了O”

例如：

（1）那个跳了河的无人收尸的女人又究竟和柳如烟有没有关联？

（2）她像一只落入了蜘蛛网的昆虫一样徒劳愚笨地寻找着一条出路。

6）形动词类“V了O”

例如：

（1）小达第一次回来，长高了许多，却是又黑又瘦，空了一边膀臂的身子仿佛随时要被风掀倒。

（2）如果你还记得，那么你还能够想起被你杀死的狱卒里有一个少了一只眼的人吧？

7）方式类“V了O”

例如：

（1）有无孕前照了X光的妈妈啊？

（2）存了定期的钱让别的人取走，银行有责任吗？

8）角色类“V了O”

例如：

（1）由于是后腰出身，改打了后卫的埃尔格拉一直都保持着插上助攻的习惯，这使他成为了西班牙进球最多的防守球员之一。

（2）那能不能说汉语中做了宾语的动词、形容词的功能完全没有变化呢?

9）关系类“V了O”

例如：

（1）父亲毕竟是有了孙子的人，很是替老刘担心。

（2）并不是有了城里户口或在城里有了房子的人就是城里人了。

除了以上常见的“V了O”以外，偶尔也能见到其他类型的“V了O”做定语，例如：

（3）那只捆了绳子的脚搁在桶外，那腿脚修长白皙，使得脚倮处被绳子勒出的红痕格外分明。（工具类“V了O”）

（4）医生在躲了雨的同时还搞到一笔业务。（原因类“V了O”）

（5）进了球的杨攀就站在原地冲埃因霍温看台上怒吼着:主场算什么!让你们在主场输球就是我最想看到的!（使动类“V了O”）

但是见不到时间、对象、目的类“V了O”做定语的例子。

2.2.5.2 做定语的“V了O”与中心语“N”的语义关系

“V了O”做定语的定中短语，定语“V了O”与中心语“N”之间大都具有施事或当事、受事、处所、时间等语义匹配关系，因而都具有相应的转换形式。

1）“N”是“V了O”的施事或当事（动作行为的主体）

这类定中短语是“V了O”做定语最为常见的类型。“N”是“V了O”动作的发出者或是与“V了O”相关的人或事物。这类定中短语也都具有如下变换式：

V了O 的N——NV了O

后来去了香港的女演员——女演员后来去了香港

开了花的非洲茉莉——非洲茉莉开了花

再看几例：

（1）一个国文只考了三分的学生，如今却成了一位写了三十几本书的文学作家。

（2）团里一个后来去了香港的女演员，名字里有一个“娜”字。

（3）当7年“村官”的大学生——记会城茶坑村党支书

（4）一个失去了贞操的女人，你对她们抱着什么看法呢！

2）“N”是“V了O”中“V”的受事

常见的是“V了O”也是受事类，“O”与“N”都是指物名词，二者之间往往具有整体与部分或领属关系，“V”前常用“被”。例如：

（1）小达…像是一只被人踩着了尾巴的田鼠。

这类定中短语都具有如下两种转换式：

V了O 的N——N被V了O

——把N（的O）V了

被人踩着了尾巴的田鼠——田鼠被人踩着了尾巴

——把田鼠的尾巴踩着了

再看实例：

（2）那血迹像被斩断了身体的蚯蚓一般蠕动蜿蜒着，在白色的床单上扭出一条一条的印迹。

（3）小灯如一条抽了筋剔了骨的鱼，软软地瘫在椅子上动弹不得。

偶尔也能见到非受事类“V了O”作受事中心语的定语的情况，例如：

（4）存了定期的钱让别的人取走.，银行有责任吗？

这类定中短语也都可以转换成“被”字主谓结构，例如：

存了定期的钱——钱被存了定期

3）“N”是“V了O”发生的处所

中心语“N”是“V了O”所表事件发生的处所。例如：

（1）老刘把装了自来水的酒瓶子还给女疯子。

这类定中短语都具有如下变换式：

V了O 的N——在N（里／上） V了O

装了自来水的酒瓶子——在酒瓶子里装了自来水

再看实例：

（2）挖了沟的路面有人负责修复。

（3）设立了焚香所的首尔广场的草地因为吊唁人流和追悼活动等受到了破坏，首尔市政府为了清理受损草地、重新铺上草地，进行了选地工作。

4）“N”是“V了O”发生的时间

中心语“N”是“V了O”所表事件发生的时间，例如：

（1）这种剧烈的反差让秦寿生在失去了理智的同时，又有一种深深的惭愧。

这类定中短语具有如下变换式：

V了O 的N——在（那）N V了O
失去了理智的同时——在那同时失去了理智

再看实例：

（2）下了雨的周六（标题）
（3）等到只剩了他们俩的时候，那小的女孩立刻便说：……

不带“了”的“VO”作定语时，“N”与“VO”之间除了上述语义关系外，还有很多非上述关系的单纯表示修饰限制的关系的情况，如“获得冠军的心情、说这话的原因、去韩国的时间”等，但“V了O”做定语，“V了O”与“N”之间单纯表示修饰限制的关系的很少见，这和“VO”做定语的情况形成鲜明对照。我们所见到的三例中，中心语为“样子”、“状态”、“表情”，表示和“V了O”事件相关的状态。列举如下：

（4）只要人见了我不要一付见了鬼的样子就行了

（5）李元妮习惯了在浑身贴满了目光的状态下走路，尽管骨折留下的后遗症使她的左脚略微地有些颠跛

（6）不少时候，尽管你做出西子捧心的动作、挤出丢了钱包的表情、流露痛失热恋的表情，再把声带调节得恰到好处，老板主任老师还是不为所动。

2.2.6 “V了O”做状语

“VO”带“地”做状语较为常见，如“感兴趣地说”、“吃惊地看着我”、“有韵律地响着”、“无声地往下飘着”，但“V了O”做状语很受限制。从我们收集到的例子来看，最多见的是由单音节动词和单音节名词构成的同源类“V了O”，如“玩了命、拼了命、要了命、吐了血、铁了心、见了鬼、抽了筋、炸了锅、忘了我、丢了魂、死了心”等，都表示一种失去正常状态、达到极端状态意义，带有一定的夸张色彩。例如：

（1）出门坐上了车，他望着窗外的风景，心要了命地疼。

（2）终于是借到E.D.的《自杀论》，这书真是见了鬼地红，到处都没有。

（3）有人拼了命地劝我考研，有人死了心地劝我出国，有人铁了心地劝我去上海。

其次较为常见的表示失去正常状态意义的施受类“V了O”带助词“似的（地）”、“（一）般”后做状语，表示比喻意义。这种用法多见于书面语。例如：

（4）我好像被施了魔法般定在那里，反反复复盯着“肺癌”两个字看。

（5）我的火一下子冒了上来，几乎失去了理智般对他说，她凭什么这么侮辱人，什么叫关系暧昧，我们好了这么多年，既没亲过也没抱过，连手都没碰过，我们只是最简单的好朋友，难道这也有错吗?

其实，上述同源类“V了O”也常常加助词“似的（地）”、“（一）般”后做状语，例如：

（6）听说是上头铁了心似的跟他说，为了考虑到受害者的人权，希望他暂缓对问题的高中进行取材。

（7）全班炸了锅一般地笑，王亮笑得尤其凶。

需要指出的是，虽然“V了O”单独做状语很受限制，但各类“V了O”都能与方位词“后”、“以后”、“之后”构成方位短语后直接充当状语，例如：

（8）上了富婆的床后便失去了自由。

（9）于是敬了我们这桌的同学之后，小囡把其他三桌的同学都叫到了一起，然后才让我敬他们，一口气喝了两满杯酒。

（10）捂了一身汗以后我全身都轻松多了，也有了胃口吃饭了。

或与介词组合成介词短语后做状语：

（11）有个女孩在箱子上捆了绳子以后抱着教练哭着求他放她走。

（12）自从当了小蜜以后我不敢进家门。

（13）在有了孩子之后，他们一位疯子跟老刘已经是天经地义的了。

2.2.7 “V了O”做补语

“V了O”做补语的不多，但有一些表示脱离正常状态，进入极端状态的行为意义的“V了O”能做状态补语，表示行为主体（最为多见）或者动作行为本身进入非正常状态。主要有如下几类：

1）同源类“V了O”

例如：

（1）只是，这一次他“表演”得有些过了头。

（2）有几个同学甚至累得抽了筋。

（3）做儿子的又哪里知道，前些日子，我在工地上累得吐了血，亲娘急得要死啊。

这类“V了O”做补语，述补之间的“得”有时可以不出现，例如：

（4）林叶的肚子早就笑抽了筋，他一脸正色地道：“应该是吧！”

2）表示失去、剩余意义的施事类“V了O”

例如：

（1）在巨大利益的刺激下，大家都被烧得失去了理智。

（2）同行的几位哥们端着酒杯听得丢了魂，……

（3）他脱得只剩了短裤。

3）处所类“V了O”

例如：

（1）持刀劫匪被众市民追得跳了河。

（2）福来早听说过她的厉害，敢跟男人打架，把嫂嫂都逼得跳了井，在北塬上是出了名的，没想过要娶她的。

4）关系动词“没（有）”构成的“V了O”

例如：

（1）中国女排已经输得没有了脾气。

（2）刘颖在一边看着这情形早就乐得没有了气。

（3）你爱他爱得没有了自我，没了个性，但你一定要留住你的骄傲哟!

2.2.8 “V了O”与“的”组合构成“的”字短语

“V了O”在组合上还有一个功能，就是与“的”组合构成“的”字短语。能与“的”构成“的”字短语的都是结构简单的“V了O”，“V”常常为单音动词，“O”也常由单个名词充当。如下几类“V了O”都可以和“的”组成“的”字短语：

1）同源类“V了O”

例如：

（1）唱了歌的请查收~没收到的呼我。

（2）通知：那天照了相的都进来

2）施事类“V了O”

例如：

（1）你那下雨了吗?凡下了雨的进来报个名。

（2）丢了钱包的快去107车队领。

3）受事类“V了O”

例如：

（1）买了房子的集个合!!!

（2）最近这两月，卖了房子的，搬走了的，麻烦说说价格啊，成交的价格!

4）处所类“V了O”

例如：

（1）他同期的那些同学，有几个到了北大北师大的都成了博导，有了博士点。

（2）进了机关的都做了大官。

5）结果类“V了O”

例如：

（1）第14期民间宝宝秀报名就快要截止了，挖了坑的尽快填坑了!

（2）相信那些被挖了井的也会跟我们一样很郁闷!

根据以上描写分析，不同类型的“V了O”的功能比较可用下表表示，其中“+”表示该类“V了O”具有这个功能，“-”表示基本不具有这个功能。“（+）”表示该类中特定的一部分具有这个功能。

各类“V了O”功能一览表

类型＼功能	主语	谓语	宾语	介宾	定语	状语	补语	的字短语	方位短语
施事类	+	+	+	+	+	(+)	(+)	+	+
受事类	+	+	+	+	+	(+)	−	+	+
结果类	+	+	+	−	+	−	−	+	+
工具类	−	+	+	−	+	−	−	−	+
方式类	−	+	+	−	+	−	−	−	+
处所类	+	+	+	+	+	−	+	+	+
时间类	−	+	−	−	−	−	−	−	+
对象类	−	+	+	−	−	−	−	−	+
原因类	−	+	−	−	+	−	−	−	+
目的类	−	+	+	−	−	−	−	−	+
角色类	+	+	−	+	+	−	−	−	+
同源类	+	+	+	+	+	(+)	+	+	+
使动类	−	+	+	−	+	−	−	−	+
形动词类	+	+	+	−	+	−	−	−	+
关系动词类	+	+	+	+	+	−	(+)	−	+

2.3 体宾“V了O”中“了”的作用

“V了O”中的“了”既表态（aspect），表示或强调动作行为的“完成或实现”，又表时（tense），或表绝对时的“已然”，或表相对时的“前时”。至于呈现何种表时功能完全取决于它所处的句法位置。当“V了O”处于句中谓语和补语位置上时呈现绝对时的“已然”功能。而且，有时用不用“了”影响表时意义，或影响句子结构的独立性。例如：

（1）星期一我给小王打了电话。

（2）后来男朋友跟我讲了一个他身边朋友的事情，把我笑抽了筋。

例（1）中“了”表示“给小王打电话”这个事件在说话时已经发生（“已然”），“星期一”是已经过去的星期一，如去掉“了”，则“打电话”这个事件还未发生（“未然”），说话时“星期一”还未到。例（2）中“了”如果去掉，则“把我笑抽筋”结构上不能自足。

当“V了O”处于其他非谓语位置（宾语及介词宾语、定语、状语）上以及“的”字短语和方位短语中的时候，其中的“了”则呈现相对时的“前时”功能，其时间参照点是谓语动词所表事件发生的时间，“了”表示或强调“VO”所表事件在谓语动词所表事件发生的时间之前发生。例如：

（3）车子一下子变得非常拥挤，包被挤到身后，等到下车时才发现丢了钱包。（“V了O”做宾语）

（4）自从放了寒假，王飞就经常去刘小冉家。（“V了O”做介词宾语）

（5）在老家盖了房子的朋友请进（“V了O”做定语）

（6）刘根他娘的脸色突然变了，失了神、丢了魂地呆呆站立着，

再清醒过来的时候，已经在急雨砸地般的敲刘根家的门了。（“V了O”做状语）

(7) 那天照了相的都进来（“V了O”构成的“的”字短语）

(8) 他跌了跟头后爬起来，继续往前走。（“V了O”与方位词“后”构成的方位短语）

以上例（3）至（6）各例中“V了O”分别处于宾语、介词宾语、定语、状语位置上，例（7）、（8）中“V了O”分别处于“的”字短语和方位短语中，其中的“了”均呈现相对时的“前时”功能，表示“V了O”“丢钱包”、“放寒假”、“发狂”、“在老家盖房子”、“失神、丢魂”、“照相”、“跌跟头”所表事件是在谓语动词“发现”、“经常去刘小冉家”、“请进”、“站立”、“进来”、“爬起来”所表事件发生之前发生的。如例（3）中“丢钱包”这个事件是在“发现”之前发生。

如果谓语为关系动词“是”、“（好）像”、“（没）有”这类没有时间特征的动词或谓语为形容词语的话，那么“V了O”的时间参照点就是说话时间，“了”表示“VO”所表事件在说话时间之前发生。例如：

(9) 宝贝是出了麻疹了。

(10) 下了雨的青云谷真美！

以上两例中“V了O”“出了麻疹”、“下了雨”分别充当宾语和定语，谓语分别为动词“是”和形容词“真美”，“了”表示“出麻疹”、“下雨”所表事件都在说话之前发生（前时）。[1]

需要指出的是，主语位置上的“V了O”中的“了”呈现泛时功能。该类句子一般用来说明一种道理，具有“泛时”的性质，“了”因为缺乏时间参照点，其表时功能无法呈现，只呈现“态”功能，表事件的完成或实现。

三、谓宾“V了O”的类型和功能

3.1 问题的提出

在汉语语法学界有一种影响很大的观点，就是谓词性词语作宾语时，述宾之间不能带时态助词“了”。如吕叔湘主编（1980）用下列例句说明“宾语为动词时，前面的动词不能加‘了1’”：

（1）*他答应了就去（他答应就去了）

（2）*他决定了明天动身（他决定明天动身了）[2]

1. 关于“了”的表时功能的详细论述请参见李铁根（1999）。

2. 吕叔湘主编（1980），第315页。书中所说的“了1”即这里所说的时态助词“了”。例句编号为本书所加。

刘月华等（2003）也明确断言"宾语为动词、动词短语、主谓短语等谓词性词语时，谓语动词后不能用'了'"。所举例句如下：

（3）大队决定从今年起为老人办养老院，为孩子办托儿所。

（4）无论家里人怎么劝说，他还是拒绝去见她。

（5）一会儿，他们看见一只大白鸡慢慢地走进草堆。

（6）从昨天起，我们开始学习第三十八课。[1]

然而，这种观点是很值得商榷的。只要稍加注意，就很容易看到反例：

（7）尽管我对上次发生的事情仍心有余悸，但还是答应了一起去。

（8）你得尽快和你爸爸商量一下，因为我决定了明天动身，有些急事需要处理。

（9）个人收入的多少直接决定了信用卡能否被批。

（10）这样的公司其实几乎所有人都会觉得不错，虽然我拒绝了去签约，但我也觉得确实非常好，但我还是想离开。

（11）谁看见了我的灵魂在哭泣？

（12）从那个时候我开始了考研究生，发奋图强。

上述反例很难用例外来解释。大量事实可以证明，汉语里有相当多的动词带谓词性宾语可以带"了"，而且有时是非带不可的。

1. 刘月华等（2003），第377-378页，例句编号为本书所加。

下面我们将详细考察带谓词性宾语的“V了O”的类型和功能特点，以求进一步认识谓宾述宾短语组合特点以及时态助词“了”的功能，为汉语教学提供更为可靠的依据。

3.2 谓宾“V了O”的类型

一般将能带谓词性宾语的动词分为两类，一类是只能带动词或形容词性的词语做宾语，不能带体词性宾语的动词，有人称这类动词为“真谓宾动词”，如运兴华（1996），也有人称为“谓宾动词”，如邵敬敏（2007）；另一类是既能带体词性宾语又能带谓词性宾语的动词，邵敬敏（2007）称为兼宾动词，这类动词较前一类为多。我们将由前一类动词构成的述宾短语称为唯谓宾“V了O”，将后一类动词构成的述宾短语称为兼谓宾“V了O”。

3.2.1 唯谓宾“V了O”的类型

根据运兴华（1996）的考察，唯谓宾动词有如下几类：

a．只带动词性宾语的：借以、急于、妄加、得以、勇于、苦于、羞于、难于、易于、横加、严加等

b．只带形容词性宾语的：发、显

c．既能带动词性宾语又能带形容词性宾语的：难以、足以

d．既能带动词性宾语又能带主谓短语宾语的：打算、妄想、懒得、乐得、值得、企图、设法、准备等

e．既能带形容词性宾语又能带主谓短语宾语的：显得

f．既能带动词性宾语又能带形容词性宾语，还可以带主谓短语宾语的：觉得、当、怕、想、断言、感觉、公认、乐意、怀疑、建议、料想、认为、声称、生怕、试问、提议、唯恐、希望、宣称、扬言、以为、主张等。

以上所举例词中的“准备”、“怕”、“想”、“怀疑”以及文中提及的“琢磨”都不宜归入唯谓宾动词，因为它们都可以带体词宾语，如“准备饭菜”、“怕老鼠”、“想家”、“怀疑他”、“琢磨他的小品”，显然它们应归入兼宾动词。

此外，有学者将“喜欢”、“受”、“从事”、“给予”、“感到”、“开始”、“结束”、“停止”、“防止”归入唯谓宾动词，也都很值得商榷。因为它们都可以带体词宾语，所以，还是应该把这些动词归入兼宾动词为好。

去掉上述兼宾动词，我们可以看出绝大多数唯谓宾动词都不能带“了”。经过我们的考察，唯谓宾“V了O”有两种：

1）谓宾形式动词类“V了O”

谓宾形式动词类“V了O”是指由形式动词“加以”、“予以”作述语构成的“V了O”。宾语一般为双音节动词或由两个双音节动词构成的联合短语，或者宾语为中心语是双音节动词的偏正短语。例如：

加以了扩大

加以了统一缩减

加以了分析、整理和归纳

予以了抗议

予以了充分肯定

予以了弱化、片面宣传或避而不谈

2）“发”类“V了O”

“发”类“V了O”是指由“发”带单音节形容词宾语构成的“V了O”，例如：

V了O

发了呆

发了傻

发了狂

发了慌

不难看出，这类“V了O”都是由“发”和另一个单音贬义形容词构成的离合词中间插入“了”构成的。

3.2.2 兼宾“V了O”的类型

现代汉语中存在大量的兼宾“V了O”，根据述语动词的语义特点，大致可分为如下几类：

1）知晓、认证类“V了O”

知晓、认证类“V了O”是指由“知晓、知道、料到、懂得、证实、证明、显示、表明、认可、认定、确认、承认、决定”这类表示知晓、认定、证明意义的动词作述语构成的“V了O”。知晓、认证类动词带“了”后带谓词宾语的能力最强，宾语可以是单个双音节动词或形容词，例如：

认可了交易
懂得了付出
承认了出轨
懂得了遗憾

也可以是主谓、述宾、状中、联合短语：

知道了她是去你家（主谓）
证明了在韩国的华侨逐渐地在减少（主谓）
确认了掌握北韩经济命脉的中国对北韩影响力始终没变（主谓）
承认了是倭寇（述宾）
懂得了珍惜友谊（述宾）
知道了怎样理财（状中）
决定了明天动身（状中）
懂得了爱与被爱（联合）
懂得了自尊与尊敬别人（联合）

“是”、“有”为第一个动词的兼语短语也经常作这类动词的宾语，例如：

认定了是小刘说的
断定了是你这个鬼头干的
断定了有人在家
料到了有人会顶不住压力逃跑

2）视听类“V了O”

视听类“V了O”是指由“听说、听见、听到、看见、看到、见到、发现”这类与视听相关的动词作述语构成的V了O”。视听类“V了O”中的宾语常见的是谓语为动词语的主谓短语，例如：

早就听说了商家有三朵花
看见了一个人正朝这边走来
发现了孔雀开屏
看见了我的灵魂在哭泣?

其次是由“有”字构成的兼语短语，例如：

听到了有人说话
看见了有客人来

3）言说类“V了O”

言说类“V了O”是指由“说、讲、问、叫、喊、打听、命令、表达、表示、提出”这类与口头表达相关的动词作述语构成的“V了O”。言说类“V了O”中的宾语为所表达的内容，可以是单音节或双音节动词，也可以是各类动词性词语。其中由“说”构成的“V了O”最为多见。例如：

说了走
说了马上去
说了去超市
说了我不要
突然叫了停
提出了分手
通知了7月内开工
问了他走不走
表示了衷心感谢
表达了不满

这类“V了O”的宾语显然带有间接引语的性质，因而由这类“V了O”作谓语构成的句子往往可以转换为直接引语句。如“我说了我不要！”可以转换成“我说：‘我不要！’”这类直接引语句。

“说”、“喊”、“叫”、“表示”还可以带形容词宾语，例如：

叫了疼

叫了冤枉
说了难受
喊了冤枉
表示了惋惜
表示了难过.

4）爱憎类“V了O”

爱憎类“V了O”是指由“喜欢、害怕、热爱、怕、爱好、讨厌、热爱”这类表示爱憎情感的动词单独做述语或带上补语“上”共同做述语构成的“V了O”。宾语最常见的是一个双音节动词或述宾短语，例如：

喜欢上了登山
讨厌了等待
热爱上了摄影
害怕了上课
喜欢了开车
爱好上了养鱼
害怕了写作业
讨厌了吸二手烟

有时还可以带并列、状中、连谓等动词性短语作宾语，例如：

喜欢了把头发束起来

喜欢上了骑车上学

喜欢上了这样挂着

讨厌了勾心斗角

喜欢了去电影院看自己喜欢的喜剧片

5）感受类“V了O”

感受类“V了O”是指由“感到、感觉、体验、感受”这类感受类动词作述语构成的“V了O”。宾语是表示不如意的情感的双音节形容词，例如：

感到了冷清

感受了寒冷

体验了痛苦

感觉了悲伤

6）允许阻止类“V了O”

允许阻止类“V了O”是指由“允许、准许、容许、答应、同意、赞成、反对、禁止、阻止、妨碍”这类表示允许或阻止意义的动词作述语构成的“V了O”，宾语最常见的是谓语为动词语的主谓短语，例如：

已经允许了msn使用isa上的代理

同意了我去做手术

禁止了美国的牛肉进口

阻止了毛泽东去美国

这类"V了O"去掉"了"（及与之配合的时间成分）后将V换成"让"（表示允许义动词）或"不让"（表示禁止意动词），则大都可以转换成兼语结构，且基本意义不变。比较：

已经允许了msn使用isa上的代理

——已经让msn使用isa上的代理

禁止了美国的牛肉进口

——不让美国的牛肉进口

述宾短语、中心语为动词的状中短语、带连谓短语和动词性的联合短语也经常充当允许阻止类"V了O"中的宾语，例如：

同意了更改合同

允许了下载附件

答应了一起去

阻止了深入报道

答应了去饭店直接汇合

阻止了下载和安装插件

光杆动词在允许阻止类"V了O"中做宾语的不多见，但也不是没有，例如：

同意了相亲

答应了去

7）达成、避免类“V了O”

达成、避免类“V了O”是指由“达成、导致、造成、制造、引起、引发、赢得、获得、得到、学会、避免、免去”这类表示达成、获得、致使、避免意义的动词作述语构成的“V了O”，宾语表示达成或避免的内容。宾语既可以是双音节动词或形容词，例如：

引起了骚动

制造了恐惧

得到了证实

赢得了骄傲

避免了下降

免去了焦虑。

也可以是谓语为动词性词语的主谓短语、中心语为动词的状中短语、述宾短语、动词性的联合短语，例如：

造成了股市下跌

引发了中国央行再次升息

引起了大幅反弹

取得了快速发展

学会了开车

避免了走弯路
赢得了叫好
避免了挨打和挨饿

8）存现类“V了O”

存现类“V了O”是指由“产生、发生、爆发、爆出、出现、呈现”、“丧失、失去、放弃、丢失、丢掉、失掉”这类表示发生、出现或消失、丧失意义的存现类动词做述语构成的“V了O”。宾语可以是单个双音节动词，例如：

发生了癌变
出现了上升!
放弃了进攻
失去了保证

表示消失意义的动词还可以带双音节形容词宾语，例如：

失去了尊严
丢掉了自信?

表示发生意义的动词还可以带中心语为动词的状中短语、联合短语，例如：

出现了大幅上升

呈现了快速增长

发生了罢工和骚动

爆发了游行集会

9）遭受类“V了O”

遭受类“V了O”是指由“受、遭、挨、受到、遭到、遭受、蒙受、承受、遇到”这类表示遭受意义的动词作述语构成的“V了O”，宾语表示遭受的事件。单音节遭受类动词可以带单音节动词或形容词做宾语。例如：

受了苦

遭了罚

挨了骂

挨了训

双音节遭受类动词除了可以带双音节动词、形容词外，还可以带状中短语、动词性的联合短语和谓语为动词性词语的主谓短语，例如：

遭遇了背叛

承受了痛苦

遇到了大麻烦

遭遇了黑色星期五暴跌

受到了大家的嘲笑

蒙受了他人的诬陷

遭受了失败和挫折

遭到了侮辱和蔑视

遭到了众记者包围

遇到了股市下跌

10）起止类动词“V了O”

起止类动词“V了O”是指由“开始、结束、中断、终止、展开、发起”这类表示开始、结束意义的动词作述语构成的“V了O”，宾语常见的是一个双音节动词，例如：

开始了攀登

结束了通话

发起了回击

终止了连接

有的还可以带状中短语，例如：

开始了疯狂反扑

发起了猛烈反扑

“开始”还可以带述宾短语作宾语，例如：

开始了提水

开始了考研究生

11）忘记类“V了O”

忘记类“V了O”是指由“忘、忘记、忘掉”这类表示遗忘意义的动词作述语构成的“V了O”述宾短语。宾语可以是动词或形容词，也可以是联合、状中、述宾、连谓、主谓短语。例如：

忘了哭

忘记了痛

忘了向他问好

忘掉了快乐与悲伤

忘记了打电话

忘了你是谁

忘了是谁打的电话

12）形式动词类“V了O”

形式动词类“V了O”是指由形式动词“给予”、“做”、“有”做述语构成的“V了O”述宾短语。宾语为双音节动词或中心语为双音节动词的偏正短语。例如：

给予了照顾

给予了充分肯定

做了调查

做了详细分析

有了回答

有了深入调查

以上我们列举出兼宾“V了O”的12种语义类型，肯定还有遗漏，但仅从这些组合类型就可以充分证明由谓宾词语做动词宾语的述宾短语中，述宾之间并不绝对排斥时态助词“了”。

3.3 谓宾“V了O”的功能

3.3.1 唯谓谓宾“V了O”

所有的谓宾“V了O”都能在谓语位置上出现，其在谓语位置上的功能也是前人讨论得最为充分、认识最为深刻的，这一点无需进一步讨论。这里只想指出一点，有的谓宾“V了O”只能作谓语，没有充当其他句法成分的功能，可称之为唯谓谓宾“V了O”。包括以下几类：

a．由形式动词“加以”、“予以”构成的谓宾“V了O”；

b．宾语为结构非常复杂的主谓短语的谓宾“V了O”，例如：

（1）这也解释了为什么国外的航空小姐其实常常有航空奶奶，而国内的航空小姐，个个青春亮丽。

c．宾语为结构复杂的兼语短语的谓宾“V了O”，例如：

（1）这家伙早就料到了有人会顶不住压力逃跑的，所以……

d．宾语为带有复杂状语的偏正短语的谓宾“V了O”，例如：

（1）生命变成了个人和宇宙存有之间能量的交流，这种交流容许了不带批判地去演出，……

e．宾语为带有“了”、“着”的复杂短语的谓宾“V了O”。例如：

（1）我爱人有一次与他的旧情人会面，后来他自己也承认了发生了不正当的关系。

（2）也许，在那个时候，李章洙已经感到了身边的种种不明力量在对抗着。

f．述语为结构复杂的短语的谓宾“V了O”。例如：

（1）《货币战争》一书把原著中的有关内容编串起来，视角独特，可读性强，在国内和国外都引起了广泛注意，……

显然，上边所说的结构复杂是相对的，具有一定的模糊性。可以这样理解，宾语“O”和述语“V”结构越复杂，这个谓宾“V了O”充当其他句法成分的功能就越弱。这有助于说明为什么谓宾“V了O”做谓语比做其他成分更为常见。

3.3.2　谓宾“V了O”做主语

谓宾V了O述宾短语做主语的并不多，常见的有三种。

a．在谓语动词为“等于”的句中作主语，较为常见的是部分言说类、遭受类、存现类谓宾“V了O”，例如：

(1) 说了对不起不等于我低你们一等。

(2) 挨了打等于付了帐，下次再犯错大不了再挨一顿打。

(3) 有人说，足球场上最好的防守就是进攻，而放弃了进攻就等于自杀。

这类句子一般用来说明一种道理，具有“泛时”的性质，主语中的“了”因为缺乏时间参照点，其表时功能无法呈现，只呈现“态”功能，表事件的完成或实现。

b．在“怎么办”做谓语的疑问句中做主语，较为常见的是部分遭受类、存现类谓宾“V了O”，例如：

（1）遇上了抢劫该怎么办呢?

（2）失去了快乐该怎么办?

这类句子可以转换成假设复句：

（3）如果遇上了抢劫，那该怎么办呢?

（4）万一失去了快乐，那么该怎么办?

因此可以把这类句子看作是假设条件关系的紧缩句，其中的“了”呈现相对时“前时”功能，表示偏句所述事件在正句所述事件之前发生。下类亦可作如是处理。

c．由形式动词“有”构成的谓宾“V了O”做主语，谓语动词也常用“有”字述宾短语。例如：

（1）有了比较就有了发言权。

3.3.3　谓宾“V了O”做宾语

谓宾“V了O”做宾语是很常见的一种功能，它能在下列各种述宾短语谓语句中充当宾语：

a．做关系动词“是”、“好像”的宾语。常见的是知晓类、存现类、遭受类、视听类“V了O”，以及唯谓宾“发了呆”类“V了O”，例如：

(1) 原来如此:好像知道了为什么没航母

(2) 肿瘤本身的原因也可以造成红细胞抗原的变化，在检测时表面上也好像产生了血型改变。

(3) 更重要的是丢掉了自尊。

(4) 我想了想应该是遇到了抢劫!

(5) 过了一会儿，赵文彬来串班，脸上带着奇异的表情，就像是看见了有人在大街上裸奔。

(6) 哦，没什么，我好像忘了说再见，老师，再见。

(7) 旁边的徐落突然间好像发了傻，怔怔的朝杨露那里投去疑惑的目光。

b．做知晓、认证类动词的宾语。常见的是爱憎类、存现类、遭受类类谓宾“V了O”，例如：

(1) 我也不知道为什么喜欢上了看小说。

(2) 楼主承认与执勤民警发生了激烈冲突，我不知道是怎么激烈法。

(3) 一时间，这个东西受到了女人们的热烈欢迎，但一部分男人却大声抗议认为遭到了侮辱，……

c．做视听类动词的宾语。常见的是存现类和遭受类“V了O”，例如：

(1) 我走出来，正好看见发生了爆炸。

(2) 马晓听说挨了骂，上前就要掴，汪秀哲连说没骂就要跪下去，……

d．做言说类动词的宾语。知晓、认证类、爱憎类、感受类、存现类、视听类和遭受类、忘记类谓宾“V了O”都能做这类动词的宾语，例如：

(1) 他说早就知道了自己还有母亲和一个妹妹尚在人间，却不知在什么地方。

(2) 他来信说最近又喜欢上了玩麻将，一天不玩都难受。

(3) 他跟我说平生第一次感到了孤独和不舍。他问我是不是感到了孤独？

(4) 我解释说煮鸡蛋汤时发生了爆炸，……

(5) 他说来值班之前已经在家挨了父亲一顿骂，……。

(6) 有人报警说看见了有人拿着大刀架在你脑袋上，……

(7) 主题：婆婆说忘了给见面礼

e．做“开始”的宾语。常见的是知晓类、起止类、感受类、爱憎类谓宾“V了O”，例如：

(1) 开始懂得了如何去珍惜

(2) 近百万名修魔者腾上半空，会合将要溃逃的修真者，开始展开了反击。

(3) 五杯红酒下肚，不善饮酒的她开始感到了吃不消，身体在和她脑子作着抵抗，开始完成不了脑子下达的指令了。

(4) 其实我开始讨厌了做推销，……

由形式动词“进行”、“有”构成的“V了O”和“发了呆”一类“V了O”也经常做“开始”的宾语，例如：

(1) 根据因地制宜的原则，许多地区对农业内部结构和生产布局开始进行了调整。

(2) 社区法律工作者开始有了保障。

(3) 真正站在空压机这里，我就开始发了呆。

3.3.4 谓宾“V了O”做定语

做定语也是谓宾“V了O”常见的一种功能。下列各类谓宾“V了O”都能作定语：

1)“发”类“V了O”

例如：

(1) 但是我们那里管发了蔫的老虎叫病猫!

(2) 如果在街上突然被一头发了狂的大水牛追赶，该怎么办?

2）遭受类“V了O”

例如：

（1）挨了打的小学生拉上小伙伴”出走”

（2）我是受了委屈的小孩，用满腔热情去生活，又得到了什么？

3）表消失意义的存现类“V了O”做定语

例如：

（1）失去了自尊的婚姻是否应该结束？

（2）失去了自由的人，幸福吗？

4）言说类“V了O”

例如：

（1）唉，聚会时在帖子里说了去的人又没去。

（2）说了要参加的人到时候就要去哦，可不要说去不去呀！

3.3.5 谓宾“V了O”做状语

不带“了”的“VO”带“地”做状语较为常见，如“感兴趣地说”、“吃惊地看着我”、“有韵律地响着”“有计划地进行调查”，但“V了O”直接作状语很受限制。只有两类谓宾“V了O”能作状语。

1）“发”类“V了O”带“地”做状语

例如：

(1) 华华大哭着，发了狂地尖叫着。
(2) 阿七看见了招弟，招弟躲在她娘身后，发了呆地瞧着阿七。

2）遭受类“V了O”带助词“似地”做状语

例如：

(1) “当然不会。”她仿佛受了污辱似地说，“快说吧。”
(2) 我气急败坏地一咬牙，舌头受了委屈似地用钻心的疼痛对我表示抗议。

然而，除了唯谓宾“V了O”、兼谓宾中爱憎类、允许阻止类“V了O”以外，各类谓宾“V了O”都能与方位词“后”、“以后”、“之后”构成方位短语后充当状语，例如：

(3) 学会了骑车以后他天天晚上去操场骑。
(4) 受了委屈后，女孩立即跑去叫来了自己的母亲。
(5) 结束了休假之后，丁俊晖又将开始繁忙的比赛。

这种“V了O”构成的方位短语还经常与介词“在”、“当”组成介词短语后充当状语。例如：

（6）当然，在说了爱你之后，不是每一个人都如同恰克般的“顽劣固执”。

（7）洛克和莽古站立位置离姐妹俩不过就是数步的距离，在感到了危险后，洛克就一直出于本能，不由自主的拉着莽古在退，……

（8）当家长之间产生了冲突以后，教师不应旁观，而应以和解人的身份进行调节。

3.3.6 谓宾“V了O”做补语

谓宾“V了O”作补语都要带“得”。能做补语的谓宾“V了O”有如下三类：

1）“发”类“V了O”

例如：

（1）我一时看得发了呆。

（2）两个小时的路程，到了目的的，我们都困得发了蔫。

（3）她的腿，站得发了麻。

（4）贾京柯已经被她气得发了狂，全身上下直哆嗦。

2）表失去意义的存现类“V了O”

例如：

(1) 他痛得失去了感觉。

(2) 爱情不是爱得失去了自尊自重自爱，如果你爱得失去了自我，那只能说那样的爱情太畸形！

(3) 知道了也还是要做，是因为输得失去了自信，输出病根来了。

3) 言说类“V了O”

例如：

(1) 由于心情紧张动作发紧，她在9平时竟然两次一传直接失分，蔡斌急得马上叫了暂停，单独对她进行一传手型的辅导。

(2) 得知我在外面有了别的男人，俞鹏气得提出了离婚。

3.3.7　谓宾“V了O”与“的”组成“的”字短语

谓宾“V了O”在组合上还有一个功能就是与“的”组成“的”字短语。有两类“V了O”可以和“的”组成“的”字短语：

1) 遭受类谓宾“V了O”

例如：

(1) 挨了打的驮着一个没挨打的，没挨打的骑着个挨了打的。

(2) 受了委屈的竟是这样的一个人。

2）言说类谓宾“V了O”

例如：

（1）说了去的却没去。

（2）滕清善是喊了冤的，在开庭时他喊，直至临死前还在喊冤，但是，所有的人对他的呼喊充耳不闻。

可以看出，能构成“的”字短语的“V了O”都是结构简单的谓宾“V了O”，“V”常常为单音动词，“O”也常由单个动词或形容词充当。

3.4 谓宾“V了O”中“了”的作用

谓宾“V了O”中的“了”的作用与体宾“V了O”述宾短语中的“了”相同，并没有发生本质上的变化，仍然是表示或强调动作行为的“完成或实现”的态（aspect）意义。也就是说，体宾述宾短语“说了一句话”、“感到了压力”、“喜欢上了童话故事”、“忘了一件事”中的“了”与谓宾述宾短语“说了对不起”、“感到了后悔”、“喜欢上了听童话故事”、“忘了说一件事”的“了”一样，都是表示“说”、“感到”、“喜欢上”、“忘”所表事件的完成或实现，性质上没有任何变化。

在表时（tense）功能上也没有任何变化，谓宾“V了O”在句中也是表示或强调绝对时的“已然”功能和相对时的“前时”功能。至于呈现何种表时功能完全取决于它所处的句法位置。当谓宾“V了O”处于句中谓语和补语位置上时呈现绝对时的“已然”功能，而且，有时用不用“了”表时意义大不相同。例如：

（1）我同意了订婚，你别再唠叨了。

例中“了”表示“同意订婚”是过去发生的“已然”，如去掉“了”，则“同意订婚”是说话时发生的“已然”。再如：

（2）本周一，她开始了休假，不过本周六便将重返售票员岗位。

例中“了”表示“休假”已经“开始”（已然），“本周一”是已经过去的周一，如果去掉“了”，则“周一”到没到不清楚，“休假”是否“开始”也无从确定，该句成了时间歧义句。

可见，谓宾“V了O”中的“了”绝不是可有可无的，有时是必须用的。

同样，谓宾“V了O”中的“了”处于其他非谓语位置（宾语、定语、状语等）上的时候也是呈现相对时的“前时”功能，其时间参照点是谓语动词所表事件发生的时间，“了”表示或强调“VO”所表事件在谓语动词所表事件发生的时间之前发生（述语为“开始”的谓宾“V了O”属于例外）。例如：

（3）我走出来，正好看见发生了爆炸。

（4）刚刚恢复了自由的我听到一阵杂乱的脚步声，铃儿的声音也随之传入耳鼓.

(5) 华华大哭着，发了狂地尖叫着。

以上三例中的谓宾“V了O”（“发生了爆炸”、“刚刚恢复了自由”、“发了狂”）分别充当宾语、定语和状语，“了”表示“发生爆炸”、“刚刚恢复自由”、“发狂”所表事件是在谓语动词“看见”、“听到”、“尖叫”所表事件发生之前发生的。如例（3）中“发生了爆炸”是在“看见”之前发生，爆炸发生之后我们才能看见。

如果谓语动词为关系动词“是”、“好像”这类没有时间特征的动词或谓语为形容词语的话，那么谓宾“V了O”的时间参照点就是说话时间，即表示“VO”所表事件在说话时间之前发生。例如：

(6) 我的体会是知道了自己是个什么东东。

(7) 韩雯雯好像挨了打，正哭呢。

(8) 失去了自由的人，幸福吗?

以上三例中“V了O”“知道了自己是个什么东东”、“挨了打”、“失去了自由”分别充当宾语和定语，谓语为动词“是”、“好像”和形容词“幸福”，“了”表示“知道自己是个什么东东”、“挨打”、“失去自由”所表事件都在说话之前发生（前时）。

3.5　小结

通过本节的考察分析可以得出如下结论：

a. 谓宾“V了O”在现代汉语中大量存在，不是个别现象，无法用例外来解释；

b. 谓宾“V了O”具有句法功能上的多样性，它不仅能在谓语位置上使用，其中不少还能在宾语、定语位置上使用，有的还能在主语、状语、补语位置上使用，有的还能与方位词构成方位短语，与"的"构成的字短语；

c. 谓宾“V了O”用于谓语位置上最为自由，而用于其他句法位置上都有一些限制，一般来说用于其他位置上的谓宾“V了O”都是形式相对短小的述宾短语，结构越复杂，越难以用在非谓语位置上，尤其是主语、定语、状语、补语位置上，以及“的”字短语中；

d. 谓宾“V了O”中的“了”的作用与体宾“V了O”中的“了”相同，并没有本质上的变化，仍然是表示或强调动作行为的“完成或实现”，在句中谓语和补语位置上呈现绝对时的“已然”功能，在其他非谓语位置上呈现相对时的“前时”功能；有时“了”是表时上必不可少的成分，并不是可有可无的；

e. 在汉语语法教材以及语法教学中，应该对动词带谓词性宾语带“了”的现象作客观的介绍，纠正以往片面的认识。

第三章

“VP的N”的类型和功能

第三章

“VP的N”的类型和功能

动词及动词短语除了经常充当谓语以外，还经常在偏正短语的定语或中心语的位置上出现，形成各具特色的偏正短语，表现各种复杂的语义关系，大大丰富了偏正短语的语义类型和句法功能。关于这方面的研究虽然取得不少成果，但仍有很多问题有待进一步研究。如层次划分问题，定语与中心语之间的语义类型问题，动词性短语作定语“的”的使用与否问题，有动词性短语充当定语或中心语构成的偏正短语所具有的语法修辞作用问题，等等，都值得我们做进一步的深入考察。

本章考察动词性短语带“的”充当定语、中心语为单个名词或代词的偏正短语的类型和功能。为行文简洁，我们用“VP”指代动词性短语，“N”指代名词或代词中心语，整个偏正短语用“VP的N”指代。

一、“VP的N”的语义类型

动词性短语充当定语是其最基本的句法功能之一，几乎所有的动词性短语都能带“的”作定语，与中心语形成各类语义关系。关于这类偏正短语中定语与中心语之间语义关系的类型虽有学者做过一些考察，但仅限于其中若干种类，与实际出现的种类相比，还远远不够，很多实例用现有的分类还无法概括，这显然不利于我们深入认识其语义构成特点和句法功能。

下面我们将根据动词性短语与中心语之间的变换关系的不同对“VP的N”加以分类描写。

1.1 主体类“VP的N”

1.1.1 语义关系及变换式

主体类“VP的N”中“N”为“VP”的行为主体，二者具有行为与行为主体的关系。主体多指动作行为的发出者，即施事，但有的仅仅是“VP”的主体，不能说是施事。如“叫李长炯的乘客”、“没有牌照的宝马”中“乘客”、“宝马”都不能说是“叫李长炯”、“没有牌照”的施事，只能说是该行为的主体。

主体类“VP的N”具有如下变换式：

VP的N——（这个/些）N VP（主谓短语）

做在前面的乘客——这个乘客做在前面

百般宠溺儿子的妈妈——妈妈百般宠溺儿子

但是，有一种特殊的主体类“VP的N”有如下两种变换式：

VP的N——（这个/些）N VP（主谓短语）

（这个/些）VPN（述宾短语）

在招生中存在的问题—— 这些问题在招生中存在

—— 在招生中存在问题

在三年级课文中出现的近义词——近义词在三年级课文中出现

——在三年级课文中出现近义词

在宿舍丢失的手机——手机在宿舍丢失

——在宿舍丢失手机

这种特殊的主体类“VP的N”特点是，“VP”是由表示存在、出现、消失意义的非自主动词充当的状中偏正短语，状语往往为表示时间处所意义的介词短语，“N”为存在、出现、消失的事物。

下列“N”为被动主体的“VP的N”也宜归入主体类。

被我骂了一顿的学生　被感动得一沓糊涂的纪英男

埋葬在这里的军人　写得满满的纸

这类“VP的N”的特点是，“VP”中动词带“被”或可加“被”，短语中往往含述补结构。尽管从语义上看，“N”是“VP”中动词所表动作行为的涉及对象，但不宜看作受事类“VP的N”，因为它只有主体类变换式，而没有受事类变换式，比较：

昨天被我骂了一顿的学生
——学生昨天被我骂了一顿
——*昨天被我骂了一顿学生
被感动得一沓糊涂的纪英男
——纪英男被感动得一沓糊涂
——*被感动得一沓糊涂纪英男
埋葬在这里的军人
—— 军人埋葬在这里
——*埋葬在这里军人
写得满满的纸
—— 纸写得满满的
——*写得满满纸

1.1.2 主体类“VP的N”中的“N”

主体类中的“N”可以是单音节名词，也可以是双音节或多音节名词。例如：

来求字画的人　喝茅台酒的狗
刚出生的熊猫　认识我的学生

坐在机长席上的飞行员　花重金跑官的副部长

“N”大多为指人或动物的一般有生名词，如上举个例。指人的专有名词也经常出现在“N”的位置上，例如：

听到枪响的李致中　逃过一死的刘志军
从工厂跑出来的范杰明　倒在血泊中的张云峰
刚报道完首都各界庆祝实况转播从电视台疲惫下班的小纪

在书面语中，指人的人称代词也经常充当主体类“VP的N”中的“N”，例如：

四岁半开始练武的她　平时从不买彩票的他
走在路上的我　出生在北京生长在贵阳的我
爱哭爱闹爱笑的你　爱哭的我们

“VP”为并列、连谓结构的短语时，“N”几乎都是指人名词或人称代词。

无生名词也能充当“N”，尽管在数量上不如有生名词多。例如：

值得期待的事　发生事故的飞机
刚刚出锅的馒头　来自上海的电话
劝人读书的诗句　违背韩朝有关协议的行为

1.1.3 主体类“VP的N”中的“VP”

主体类是最为常见的“VP的N”组合形式之一，其中的“VP”几乎可由各类动词性短语充当。

“VP”为述宾短语、述补短语和状中短语的主体类“VP的N”最为常见。其中述宾短语中的述语动词不仅可以是一般动作行为动词，例如：

看书的人　讲上海话的老师

拆装设备的工人　打扫房间的妇女

乘坐这趟航班的乘客　违背韩朝有关协议的行为

也可以是不表动作行的关系动词“是、有、叫、像、姓、作为、属于”等。例如：

现在看来明显是骗子的人　历代有成就的男人

叫梦幻咖啡厅的地方　象我这样的毕业生

姓王的学生　作为改革对象的国情院

述补短语在主体类“VP的N”中“VP”的位置上使用也很自由。不仅形式简单的述补短语可以在“VP”位置上自由出现，例如：

吃饱的人　逃走的猫

去不了的人　跳下去的人

跑得快的孩子　去一次的学生

一些组合形式较为复杂的述补短语也能在“VP”位置上自由使用，例如：

来自北京的狼　飞往北京的客机
倒在血泊中的张云峰　坐在机长席上的飞行员
坐在会场主席台下的张成泽

下边是“VP”为各类状中短语的主体类“VP的N”：

当时追我的人　1969年出生的我
在这里等活的司机　非常有意义的事情
热情助威的LG啦啦队　在中国滞留的金钟学
为了避暑而前来的游客

并列短语和连谓短语不如述宾、述补、状中短语那么多见，但也并不少见。例如：

有学历又长得好的女孩　出生在北京生长在贵阳的我（VP为并列短语）
特别自恋又特别臭美的人　欺骗感情、玩弄婚姻的男人（VP为并列短语）
来求字画的人　花重金跑官的副部长（VP为连述短语）

但是，主谓短语用于主体类“VP的N”中时要受到一定限制，条件是“VP”与“N”有领属关系。例如：

手握钢枪的战士（战士的手）
身材娇小的空姐（空姐的身材）
后灯闪亮的汽车（汽车的后灯）
腿部严重受伤的孩子（孩子的腿部）
飞行里程达3000多小时的机长（机长的飞行里程）

或者“VP”中的主语为动词，“N”为该动词所表行为的主体，例如：

着陆失败的飞机（飞机着陆）

1.1.4 主体类“VP的N”中的“VP”的“时”

主体类“VP的N”的“VP”中可以使用时态助词“了、过”以及时间副词或时间名词表达相对时的“前时”[1]，例如：

跟随了多年的办公室主任　在阅览室丢了的手机
受过高等教育的女性　昨天看的人
已经错过一次的周莉　曾坐在安全出口座位的乘客
八十年代出生的人

1. 关于现代汉语的时制系统及相对时的“前时”、“同时”、“后时”的详细论述，请参见李铁根（1999）。

也可以通过使用时态助词“着”和时间副词或时间名词表达相对时的“同时”，例如：

戴着墨镜的梦鸽　躺着睡觉的兔子

在咖啡厅里等着我的王先生　正在看电视的老人

现在洗澡的孩子

还可以通过使用时间副词或时间名词表达相对时的“后时”

即将为她孕育孩子的女孩　将要去美国的留学生

快要凋谢的小花　明年毕业的学生

1.1.5 主体类“VP的N”中的“VP”的否定形式

主体类“VP的N”中的“VP”有否定形式，主要通过动词前加“不”、“没”或带“不”的动补形式来表达。例如：

不吃鱼的猫　不怕猫的老鼠

不让座的女人　没去过北京的上海人

不打孩子不骂孩子的父母　来不及买票的乘客

去不了的学生

含有否定形式的主体类“VP的N”中的“N”一般都是指人或动物的有生名词。

1.2 受事类“VP的N”

1.2.1 语义关系及变换式

受事类“VP的N”中“VP”中的动词为及物动词，“N”为该动词的受事，即动作的承受者，“VP”与“N”具有动作与动作承受者的关系。

受事类“VP的N”具有如下变换式：

VP的N—— VPN(述宾短语)

他看的书——他看书

从外交部获得的消息——从外交部获得消息

1.2.2 受事类“VP的N”中的“N”

受事类“VP的N”中的“N”多为指物名词，但也有指人名词。从音节上看，“N”可以是单音节名词，例如：

随身带来的包　为我操的心

刚才说的话　李双江讲的课

范仲淹派去的人　小王给我买的书

也可以是双音节名词，例如：

已经拍卖的资产　10日举行的会谈

我培养出来的学生　他用的热水

我看到的张浩　国民都知道的事实

“N”为三音节以上的名词则不多见，例如：

去年招的博士生　广裕工厂所欠的高利贷

粉丝传来的电子邮件　李致中一手打造的“广裕集团”

1.2.3 受事类“VP的N”中的“VP”

受事类“VP的N”中的“VP”主要由不含述宾短语的主谓短语和状中短语充当。上边所举的例子绝大部分都是这两种短语。

因为受事类“VP的N”中的“N”是“VP”中动词的受事，所以，“VP”中一般不由带受事宾语的述宾短语充当。但如果述宾短语里的述语为可带双宾语的动词，其带上间接宾语后可与“N”（一般为动词的直接宾语）组合成 受事类“VP的N”。例如：

借他的钱　教我的歌

他给我的手机　昨天借你的词典

刚才发给我的信息

形式简单的述补短语也可以与指物名词“N”组合成 受事类“VP的N”。例如：

说出的话　扔出去的简历

做好的饭　读错的字

搬不动的家具　留给家人的遗书

连谓短语也可以与指物名词组合成受事类“VP的N”，虽然并不多见。例如：

做水泥匠赚的钱　让我买的书

自己动手建的房子

并列短语与名词组合成受事类“VP的N”的例子一个也没见到。

1.2.4 受事类“VP的N”中的“VP”的“时”

受事类“VP的N”的“VP”中可以使用时态助词“过”以及时间副词或时间名词表达相对时的“前时”，例如：

在美国读过的书　我看过的电影

昨天看的节目　已经拍卖的资产

也可以通过使用时间副词或时间名词表达相对时的“同时”例如：

正在看的电视　现在洗澡的孩子

我们正在做的事情

还可以通过使用时间副词或时间名词表达相对时的“后时”

将要花的钱 我即将买的的装备

明天要写的作业 参战军人即将访问的“朝鲜军和中共军墓地”

1.2.5 受事类“VP的N”中的“VP”的否定形式

受事类“VP的N”中的“VP”也有否定形式，主要通过动词前加“不”、“没”或带“不”的动补形式来表达。例如：

不想见的人 谁也不吃的东西

没见过的学生 来不及借的书

1.3 时间类“VP的N”

1.3.1 语义关系及变换式

时间类“VP的N”中“N”为“VP”所表动作行为发生的时间，“VP”与“N”具有动作与动作发生时间的关系。

时间类“VP的N”具有如下变换式：

VP的N—— 在这N（这/那时/时间内）VP

一起生活的时候——在这时候一起生活

写作业的时间 ——在这时间内写作业

1.3.2 时间类“VP的N”中的“N”

时间类“VP的N”中“N”一般由表示时间意义的“时间、时候、时期、前期、中期、后期、过程、时机、期间、日子、岁月、时代、机会、同时、瞬间、早上、中午、晚上、半夜、当年”这类双音节名词充当。例如：

刚来的时候　实际睡觉的时间

自由讨论的阶段　希特勒出生的时期

房价快速上涨的时代　狂风吹舞的日子

1.3.3 时间类“VP的N”中的“VP”

时间类“VP的N”中的“VP”可以由各类短语充当。其中组合最为自由的就是各类短语与“时候”组合成的“VP的N”。例如：

我几乎忘记的时候（“VP”为主谓短语）

跟小区的工作人员说话的时候（“VP”为状中短语）

查阅以前工厂账目的时候（“VP”为述宾短语）

跳下去的时候（“VP”为述补短语）

吃饭和睡觉的时候（“VP”为并列短语）

躺着看电视的时候（“VP”为连谓短语）

而且，这类时间类“VP的N”中的“VP”还有否定形式以及带时态助词的形式，例如：

吃不了的时候　走不动的时候

没看完的时候　没上大学的时候

我所有亲朋好友等着参加我们婚礼的时候

其他时间类“VP的N”中的“VP”都没有否定形式。

除“时候”类外，最为常见的是“VP”为主谓短语的 时间类“VP的N”，例如：

乘客撤离的时间　物价上涨的时期

自己当兵的岁月　危机发生的瞬间

道德逐渐衰败和枯萎的过程　失事客机与地面撞击的同时

其次是“VP”为述宾、并列和状中短语的 时间类“VP的N”，例如：

听广播的时间　接受教育的时期

买入和卖出的时机　出生和死亡的日期

自由讨论的阶段　实际睡觉的时间

相对来说，“VP”为述补短语和连谓短语的时间类“VP的N”较为少见，例如：

躺在床上的时间　躺着睡觉的时间

1.4 处所类“VP的N”

1.4.1 语义关系及变换式

处所类“VP的N”中“N”为“VP”所表动作行为发生的时间，“VP”与“N”具有动作与动作发生处所的关系。

处所类“VP的N”具有如下变换式：

VP的N—— 在这N（上）/（这/那里）VP

中国人扎堆的地方——在这地方/这里中国人扎堆

晾衣服的场所——在那里晾衣服

1.4.2 处所类“VP的N”中的“N”

处所类“VP的N”中“N”一般由表示处所意义的“地方、地点、场所、位置、地区、机场、道路、宾馆、大厅、寝室、教室、操场”这类双音节名词充当。例如：

黑车司机被杀的地方　飞机失事的地点

睡客人的大厅 上大课的教室

吃喝玩乐的场所 继续下跌的空间

“N”由单音节名词构成的处所类“VP的N”则很少，如“路、家、床”等，以及具有浓厚的口语色彩的儿化的“地儿”，例如：

去医院的路 老人走的路

居住十年的家 打篮球的地儿

1.4.3 处所类“VP的N”中的“VP”

处所类“VP的N”中的“VP”可以由各类短语充当。最常见的是各类短语与“地方”组合成的“VP的N”。例如：

我玩的地方（“VP”为主谓短语）

打电话的地方（“VP”为述宾短语）

上车下车的地方（“VP”为并列短语）

免费睡觉的地方（“VP”为状中短语）

跳下去的地方（“VP”为述补短语）

躺着休息的地方（“VP”为连谓短语）

除了“地方”类“VP的N”以外，处所类“VP的N”中的“VP”最多见的是主谓、述宾和并列短语，例如：

客机着陆的跑道（“VP”为主谓短语）

他们非法入境的地区（“VP”为主谓短语）

扭秧歌的场所（“VP”为述宾短语）

挂着云南石环的黑绳项链（“VP”为述宾短语）

接送的地点（“VP”为并列短语）

贩毒吸毒的场所（“VP”为并列短语）

而述补短语除了带趋向补语的述补短语与“地方”构成“VP的N”以外，没有见到其他实例，状中、连谓短语也不多见，例如：

上次住的房间　有人上吊自杀过的房子

1.5 原因类“VP的N”

1.5.1 语义关系及变换式

原因类“VP的N”中“N”为“VP”所表动作行为发生的原因，“VP”与“N”具有动作与动作发生原因的关系。

原因类“VP的N”具有如下变换式：

VP的N—— 因为这个原因VP

股市大跌的原因——股市因为这个原因大跌

说谎话的理由——因为这个原因说谎话

1.5.2 原因类“VP的N”中的“N”

原因类“VP的N”中“N”由“原因、理由、缘由、因由、主因、诱因、借口”这类 表示原因意义的双音节名词充当，其中“原因”和“理由”最为常见，其他例如：

他出现的因由　房租上涨的主因

提前回家的借口　此轮物价上涨的诱因

致使乳腺增生的缘由

1.5.3 原因类“VP的N”中的“VP”

原因类“VP的N”中的“VP”最常见的是主谓短语和述宾短语。主谓短语可以是结构简单的，也可以是结构层次较为复杂的，例如：

俩人跳河的原因　他离开的理由

飞机警告系统启动晚的原因

事故当时机场仪表着陆系统（ILS）没有正常启动的原因

而述宾短语的结构层次相对简单些。例如：

说谎话的理由　打孩子的理由

延长麻醉的原因　组建学习小组的缘由

状中、并列、连谓短语也都可以充当原因类“VP的N”中的

“VP”，结构层次也都较为简单。例如：

突然消瘦的原因　经常迟到的原因
大吃大喝的理由　腐化堕落的原因
去死的理由　来参加这个比赛的原因

述补短语充当原因类“VP的N”中的“VP”较受限制，较为多见的是带趋向补语的述补短语。例如：

活下去的理由　呆下去的理由
留下来的原因　坚持下去的理由

1.5.4 原因类“VP的N”中的“VP”的否定形式

原因类“VP的N”中的“VP”也可以通过动词前加“不”、“没”、“无法”以及带“不”的动补形式来表达，例如：

我没去的原因　我无法恋爱的理由
不交作业的理由　交不出家庭作业的理由
掉不下去的原因

还可以通过肯定否性重叠形式或双重否定形式来表达。例如：

参赛与不参赛的理由　不得不去的理由

1.6 工具类"VP的N"

1.6.1 语义关系及变换式

工具类"VP的N"中"V"是"VO"所表动作行为使用的工具或材料。二者是动作与其所凭借的工具、材料的关系。

工具类"VP的N"具有如下变换式：

VP的N——用来/用于VP的N，或VP用的N

切菜的刀——用来切菜的刀

撬锁的工具——撬锁用的工具

1.6.2 工具类"VP的N"中的"N"

工具类"VP的N"中"N"都是由表示工具或材料的单音节或双音节名词充当，常见的有"钱、刀、锅、纸、工具、用具、材料、原料、肥料、资金、费用、凶器、武器、设备、软件、胶水、信号、能力"等。例如：

买房的钱　炒菜的锅

写字的笔　画画的原料

拉煤的汽车　杀人的凶器

三音节以上的很少见，例如：

拉人的公交车

1.6.3 工具类“VP的N”中的“VP”

工具类“VP的N”中的“VP”最常见的是述宾短语。如上举各例，再如：

拉人的车　画画的笔
削铅笔的刀　绑行李的绳子
盖房子的砖头　介入选举的帖子
引导着陆的设施　装钱的信封

由主谓、状中、并列、连谓短语构成的工具类“VP的N”则不多见，各举一例如下：

我炒股赚钱的工具　手机聊天的软件
生儿育女的工具　去浦东机场接人的车

述补短语则很难用于工具类“VP的N”中，在我们搜集到的例子中一个也没有发现。

1.7 方式类“VP的N”

1.7.1 语义关系及变换式

方式类“VO+N”中“N”是“VO”所表动作行为所采用或遵循的方式、方法、规则等，二者是动作与动作方式的关系。

方式类“VP的N”具有如下变换式：

VP的N—— VP所采用/采取/遵循的N

练气功的方法——练气功采用的方法

处理问题的方式——处理问题所采取的方式

1.7.2 方式类“VP的N”中的“N”

方式类“VO+N”中“N”　一般由表示方式、方法、规则、原则这类意义的双音节名词充当，常见的有“方式、方法、办法、手段、技术、技巧、态度、顺序、步骤、原则、措施、规则、战术”等。例如：

买票的办法　养牛的技术

参加会谈的态度　表演小品的技巧

关闭工业区的措施

1.7.3 方式类“VP的N”中的“VP”

方式类“VP的N”中的“VP”最常见的是述宾短语，如上举各例。其次是状中、并列短语，例如：

紧急制动的方式　自我保护的措施

偷税漏税的手段　出场退场的顺序

“VP”为述补短语和连谓短语的则一例也没见到。

1.8 同一类“VP的N”

1.8.1 语义关系及变换式

同一类中“VO+N”中“VO”与“N”具有同一关系，即二者所指相同。也可称为类属关系，因为“N”一般由表示“VO”所从属的概念的名词充当。

同一类“VP的N”具有如下两种变换式：

VP的N—— VP这一N

VO是一个/种N

踢腿的动作—— 踢腿这一动作

踢腿是一个动作

1.8.2 同一类“VP的N”中的“N”

同一类“VO+N”中“N”一般多由“动作、行为、行动、罪行、暴行、做法、活动、运动、问题、现象、事件、事故、事情、事实、意思”这类双音节词充当。例如：

股市大跌的现象　屠杀平民的罪行

液压系统油量减少的问题　去美国留学的事情

社区道里横穿马路被汽车撞飞的事故　从伊拉克向沙特走私非法毒品的活动

但也有“N”为单音节词的同一类“VO+N”，例如：

等死的份　你逼他买房子的事儿

有些同一类“VO+N”表义重点在“VO”，“的N”具有羡余成分的性质，在句中几乎不承担表义作用，去掉也不影响该句基本意义。例如：

（1）为了转户口的事，假离婚行得通吗?

比较：为了转户口，假离婚行得通吗?

（2）现在的癌症病人真的只有等死的份吗?

比较：现在的癌症病人真的只有等死吗?

（3）女人说恨你就是爱你的意思。

比较：女人说恨你就是爱你。

（4）有网友留言询问残疾干部是否可以提前退休的问题，区人力资源和社会保障厅作出回复。

比较：有网友留言询问残疾干部是否可以提前退休，区人力资源和社会保障厅作出回复。

1.8.3 同一类“VP的N”中的“VP”

同一类是最为常见的“VP的N”类型之一，除了述补短语外，其他各类短语都可以充当“VP”，而且各类短语的复杂程度也较高。例如：

防止类似情况再度发生的问题（“VP”为述宾短语）
在会谈期间更换代表团长的现象（“VP”为状中短语）
‘以讹传讹、人云亦云’的行为（“VP”为并列短语）
最近访华的朴槿惠总统提议送还360具中国军人遗骸的举动（“VP”为主谓短语）

1.9 关涉类“VP的N”

1.9.1 语义关系及变换式

关涉类“VP的N”中“VO”是“N”所关涉或包含的具体内容。
关涉类“VP的N”具有如下变换式：

VP的N—— 关于 / 有关VP的N

猫抓老鼠的游戏—— 关于猫抓老鼠的游戏

房价即将下跌的预言——关于房价即将下跌的预言

大部分还有如下变换式：

VP的N—— N的内容是VP

房价即将下跌的预言——预言的内容是房价即将下跌

男方出轨的消息——消息的内容是男方出轨

“我能行，中国赢”的口号——口号的内容是“我能行，中国赢”

1.9.2 关涉类“VP的N”中的“N”

关涉类“VO+N”中“N”多由“图片、短信、广告、公告、通知、启事、日记、短信、录像、视频、电视剧、电影、故事、申请书、声明书”这类“载体”名词和“新闻、传闻、信息、消息、情报、丑闻、言论、真相、内幕、秘密、秘诀、实情、内情、谣言、预言、谈话、话题、内容、专题”这类言论、传闻、真相一类意义的名词，以及“协议、方案、草案、协定、条约、政策、制度、规定、计划”这类协议类意义的名词充当。例如：

男女接吻的图片　范悦2011年当众向其求婚的视频

昆明即将发生地震的传言　张成泽落马的消息

崔政浩室长接受采访的内容　对内改革、对外开放的政策

解决照片因大小无法上传的方案　春晚大腕纷纷意外退出春晚的内幕

“N”由 单音节名词充当的关涉类“VO+N”很少见，例如：

“攻击国家”的话　感恩父母的信

1.9.3 关涉类“VP的N”中的“VP”

除了述补短语以外，其他各类动词性短语都可以充当关涉类“VP+N”中的“VP”。最为多见的就是主谓短语，因为它表达的内容相对来说更为完整。可以是很简单的主谓短语，例如：

警察抓小偷的故事　同学聚会的录像
金导演自杀的消息　我做羊的命运

也可以是内部结构相当复杂的主谓短语：

朴槿惠在访问西安期间自己举着阳伞的照片
工作人员说金钟国和池东沅将一起以前锋身份出赛的消息
阿塞拜疆与世界拳击系列赛—WSB进行数百万美元幕后交易的丑闻
黑龙江省海林市教育系统2011年高级教师职称评定中权钱交易的内幕
某电视台女主持人纪英男被国家档案局前副司长范悦隐瞒已婚事

实、包养近四年的新闻

其次较为多见的是状中短语、述宾短语和连谓短语，例如：

与黑社会幕后交易的丑闻　在一触即发的危机中成为“英雄”的秘诀
求租房子的启事　拐卖妇女儿童的案件
设立赌场等综合性观光设施的法案　有人炒股赔钱跳楼的消息
故意放下礼服肩带露出胸部进行炒作的非议

并列短语相对少见，例如：

检查和验收的内容　对死者进行哀悼和祈祷负伤者早期痊愈的信息

1.10 结果类“VP的N”

1.10.1 语义关系及变换式

结果类“VP的N”中“N”是因“VP”所表动作行为产生、引起或呈现的结果，“VP”与“N”具有动作行为与该动作行为结果的关系。

结果类“VP的N”具有如下变换式：

VP的N—— 因VP而产生/引起/呈现/形成的N

出生率下降的结果—— 因出生率下降而产生的结果

物价上涨的压力——因物价上涨而形成的压力

1.10.2 结果类“VP的N”中的“N”

结果类“VO+N”中“N”均由双音节名词充当，常见的有“结果、成果、效果、情况、状况、状态、现况、压力、风险、习惯、规模、趋势、走势、姿态、势头、风暴、浪潮、形势、力度、幅度、迹象、征兆、前兆、苗头、前景、动向、氛围、场面”等。例如：

我和妈妈共同努力的成果　经济崩溃的征兆

作者精心修改的痕迹　游客被人抢走的现状

贸易顺差迅速扩大的势头

1.10.3 结果类“VP的N”中的“VP”

主谓短语、状中短语、述宾短语和并列短语都能在结果类“VP+N”中“VP”位置上出现。以上所举实例均为主谓短语构成的结果类“VP+N”，其他几类短语充当“VP”的各举两例如下：

高经济增长的局面　温和回落的态势

治疗肝癌的效果　乘飞机的费用

大吃大喝的结果　铺垫雕琢的痕迹

述补短语和连谓短语没见到充当结果类“VP+N”中的“VP”的实例。

1.11 目的类“VP的N”

1.11.1 语义关系及变换式

目的类“VP的N”中“N”是因“VP”所表动作行为的目的，“VP”与“N”具有动作行为与目的的关系。

目的类“VP的N”具有如下变换式：

VP的N—— 为（达到）这个目的VP

写这篇文章的目的—— 为这个目的写这篇文章

参加考试的目的—— 为达到这个目的参加考试

1.11.2 目的类“VP的N”中的“N”

目的类“VO+N”中“N”主要由“目的、宗旨、用意、用心、动机、意图”等表示目的义的名词充当。例如：

郑和下西洋的目的 陈平杀人的动机

主席去看夏妈的意图 这个朋友给我发新手机号的用意

1.11.3 目的类“VP的N”中的“VP”

除了述补短语以外，主谓短语、状中短语、述宾短语和并列短语都能在目的类“VP+N”中“VP”位置上出现。以上所举实例均为主谓短语构成的目的类“VP+N”，其他几类短语充当“VP”的各举两例如下：

这样做的目的　在这时把他叫过来的用意

成立商会的宗旨　说这话的用心

吃饭睡觉的目的　偷税漏税的目的

请我吃饭的意图　去俄罗斯留学的目的

1.12 度量类“VP的N”

1.12.1 语义关系及变换式

度量类“VP的N”中“N”是与“VP”相关的度量，二者是动作行为与相关的数量关系。

度量类“VP的N”具有如下变换式：

VP的N——VP的N是/为/达+数词或数量短语

赢球的概率 —— 赢球的概率是51%

去中国的次数 —— 去中国的次数达10次

1.12.2 度量类“VP的N”中的“N”

度量类“VP的N”中的“N”都含有数量概念，是人类对事物量的描写，是不能受任何数量短语直接修饰的无量名词。如“人数、次数、金额、数额、价格、幅度、效率、概率、几率、速度、距离、面积”等双音节名词。例如：

刘志军受贿的金额　用毛笔写字的速度

解除自动驾驶仪的高度　行贿受贿的数额

1.12.3 度量类“VP的N”中的“VP”

主谓短语、状中短语、述宾短语和并列短语都能在度量类“VP+N”中“VP”位置上出现。例已见上。再如：

实际赔偿的金额　现代西方社会中男人抚养非亲生子女的概率

生孩子的年龄　买入卖出的价格

“VP”为连谓短语的度量类“VP+N”不多见，例如：

出去玩的频率　出国旅游的次数

“VP”为述补短语的度量类“VP+N”则一个也没见到。

1.13 程度类“VP的N”

1.13.1 语义关系及变换式

程度类“VP的N”中“N”为“程度”，“VP”为达到某种程度的行为。“VP的N”用来指称某种行为所达到的程度。

程度类“VP的N”具有如下变换式：

VP的N——VP所达到N

我迷恋她的程度—— 我迷恋她所达到的程度

1.13.2 程度类“VP的N”中的“N”和“VP”

程度类“VP的N”中的“N”由“程度”充当，“VP”主要由主谓短语和述宾短语充当，其中的动词多为心理活动动词。例如：

巴西人喜爱足球的程度　老人疼爱孩子的程度

溺爱孩子的程度　想家的程度

偶尔也能见到状中短语和并列短语充当“VP”的例子：

对孩子重视的程度　腐化堕落的程度

但由述补短语和连谓短语构成的程度类“VP的N”则一个也没见到。

二、“VP”与“N”之间的选择制约

在以上分类描写时，我们都列举出各类常见的中心语名词，但必须指出，我们不是根据中心语名词来确定“VP的N”的类型，而主要是根据变换式的不同来确定具体的类属。“VP的N”中“VP”与“N”有选择制约的关系。同一个“VP”与不同“N”可能构成不同的类型，同一个“N”与不同的“VP”也同样可能构成不同的类型。比较：

学汉语的N

学汉语的学生（主体类，可变换为“学生学汉语”）

学汉语的理由（原因类，可变换为“因为这个理由学汉语”）

学汉语的时间（时间类，可变换为“在这时学汉语”）

VP的时间

学汉语的时间（时间类，可变换为“在这时学汉语”）

他浪费的时间（受事类，可变换为“他浪费时间”）

不该丢失的时间（主体类，可变换为“时间不该丢失”）

VP的程度

溺爱孩子的程度（程度类，可变换为“溺爱孩子所达到的程度”）

上吊自杀的程度（同一类，可变换为“上吊自杀这个程度”）

可见，单凭“VP”或单凭“N”我们都不能确定“VP的N”属于哪

一类。此外，同一个“VP的N”也可能隐含两类语义关系，兼属两种语义类型，这即歧义短语。如“杀人的目的”兼属目的类和同一类。前者可变换为“为这个目的杀人”，后者可变换为“杀人这个目的”。在下列两句中的“杀人的目的”分别体现了这两种类型的用法：

（1）杀人的目的到底是什么？（目的类）

（2）黑客就是通过这个U盘扰乱汽车的加速装置，达到杀人的目的。（同一类）

必须承认，本节所作的分类只是大体概括了“VP的N”常见的语义类型，肯定会有遗漏，而且，即使按照我们给出的变换式标准来归类，也必然会有归入甲类或归入乙类似乎都可以的情况。但仅就上述类型的描写就可以看出，“VP的N”中“VP”与“N”之间的语义关系如同述宾之间的语义关系一样，也是复杂多样的，要想干净利落地划清各类界限绝非易事，仍需进行更深入的探索。

三、“VP的N”的句法功能

作为名词性短语，“VP的N”和其他名词性偏正短语一样可以在句中充当主语、宾语、介词宾语等若干种句法成分，由于其特殊的动词短语充当定语的结构与其他短语结构有所不同，因而在句中不同句法位置上亦体现出组合上的不同特点，而且，不同的“VP的N”类型在功能上也有一些明显区别。下面分别论述。

2.1 做主语

“VP的N”充当主语或主语中心（前边另有定语）是其最常见的功能。它既可以充当施事主语，又可以充当受事主语、当事主语。

2.1.1 充当施事主语

由述补短语、状中短语、述宾短语、连谓短语与指人名词构成的主动式主体类“VP的N”经常充当施事主语。例如：

（1）从6月初开始，住在无锡的李致中几乎隔两天就跑一次上海。（“VP”为述补短语）

（2）据李致中的夫人回忆，当时李致中在国家刊物上发表了多篇

论文，被评为教授级高工，很多来自外地的老板找上门来请他，他最终被徐文荣的诚意打动。（“VP”为述补短语）

(3) 昨天去的人还没回来呢。（“VP”为状中短语）

(4) 从厂区逃跑的范杰明，在附近上了一辆卞姓司机的黑车，然后直奔城南而去。（“VP”为状中短语）

(5) 中枪的男人趔趄着往前跑了五六米就趴在了地上，开枪的人钻进车里，狠踩油门迅速往西开去。（“VP”为述宾短语）

(6) ABC电视台报道说，一位叫李长炯（32岁）的乘客透露，事故当时行李箱的行李和氧气罩掉落下来，机舱内充斥着尖叫声。（“VP”为述宾短语）

(7) 经常去买菜的人来报个到呗。（“VP”为连谓短语）

(8) 坐在机长席手握操纵杆的李强国回忆说“在110英尺(34米)时进行再次起飞”。（“VP”为连谓短语）

被动的主体类“VP的N”有时也充当施事主语。例如：

(9) 在那半年后，被梦鸽夫妇“花很多心思教育”的李天一就因交通纠纷殴打了一对夫妻。

(10) 被感动得一沓糊涂的纪英男喜极而泣，在用蜡烛摆成的心形轮廓里和范悦相拥起舞，现场一片浪漫温馨的气氛。

由并列短语、主谓短语构成的“VP的N”很少充当施事主语。个别如：

（11）在照片中，身穿白T恤、戴着棒球帽的文章手拿麦克风，唱歌如醉如痴，包房内还有年轻女孩亲密地搂着他的肩膀，照片还显示出文章明显喝高了，紧紧搂住一个女孩，身体摇摇晃晃。

（12）我爱的人跟别人跑了，我该怎么办？

2.1.2 充当受事主语

由主谓短语与指物名词构成的“VP的N”经常充当受事主语。常见的是做被字句的主语，例如：

（1）“深圳房价年底将下降30%”的预言如今已被全盘推翻。

（2）连日来，某电视台女主持人纪英男被国家档案局前副司长范悦隐瞒已婚事实、包养近四年的新闻，被传得沸沸扬扬。

（3）范仲淹召见甄金莲伺宴的事情被人们传了出去，她身价倍增，街头巷尾、茶馆酒肆、青楼妓院都在谈乱甄金莲，说甄金莲是天上掉下来的美女，大家都争睹她的芳容。

（4）刘志军拥有的财产被公开后，网络舆论一片哗然，以前的“房哥”“房姐”，和刘志军们相比起来，都是小巫见大巫了。

充当无“被”受事主语句主语的如：

（5）专升本的信息在哪里查询？

由主谓短语与指人名词构成的“VP的N”充当受事主语的只见到一例：

（6）除了第一个死亡的张云峰为钝器击打外，其余5人都是被霰弹猎枪击伤致死，而且枪伤都集中在胸口。

其次较为多见的是由述宾短语构成的“VP的N”充当无“被”受事主语句主语，例如：

（7）装钱的信封怎么做？

（8）戴戒指的说法，终于收集齐了。

（9）据现场目击者回忆，当时，只有张云峰遇害的仓库门口拉了警戒线，靠近厂门的路口没有设警戒线，只有几个执勤的协警。

由其他短语构成的“VP的N”充当受事主语句主语的则十分少见。各举一例如下：

（10）昨天进的人，又被赶出去了。（“VP”为状中短语）

（11）洒水车鸣着刺耳的乐曲从我的身边缓慢驶过，撒在马路上的水注，被反弹到人行道上，水珠溅湿了我的牛仔裤脚。（“VP”为述补短语）

（12）杀人放火的工具已经准备好，今晚谁都别想拦我。（“VP”为并列短语）

（13）要求官员公布财产的民众被拘留（标题）（“VP”为连谓短语）

2.1.3 充当当事主语

“VP的N”充当当事主语时，主要是作为被评议说明的对象出现，谓语对其加以评判说明或描写。谓语部分形式简短者为多，谓语中心多为非动作性动词或形容词。从谓语角度来看，常见的类型有：

1）关系动词谓语句

当事主语句中有一半都是“是”字句和“有”字句，尤以“是”字句最为多见。例如：

（1）您给孩子请家教的动机是什么?

（2）青少年吸毒的原因，除社会原因外，还有吸毒青少年自身的原因。

（3）不被极端势力动摇的社会才是成熟社会

（4）据悉，飞行员还回忆说解除自动驾驶仪的高度是1500英尺，而不是在航行记录上出现的1600英尺等，陈述与失事后公开的数据有所不同。

（5）在中国计划生育的有效执行后，这些出生在中国城市的孩子都是每个家庭的“独苗”，要是年纪轻轻的就这样走了，试想一下对这些中国家庭的打击有多大。

（6）为什么投出去的简历没有回信?

（7）大吃大喝的后果是什么？

（8）找女朋友借钱的目的是什么？

（9）去死的理由其实有很多，比如大到感情受挫，事业失败，家庭决裂，小到受不了同事的白眼，老师的轻蔑，可能楼下保安的一声冷笑，很多人...

（10）朴槿惠在访问西安期间自己举着阳伞的照片成为微博上最受热议的话题。

（11）一线房价大跌50%的预言 纯属”放空枪”。

2）形容词谓语句

形容词谓语句中的谓语主要对“VP的N”主语进行描写，多为形式简单的形容词性偏正短语。例如：

（1）为什么大家回答问题的速度那么快?

（2）她回忆道，“当时追我的人很多，高学历的、有地位的、富二代都有……”

（3）这次北京中院的判决，只字未提刘志军房产的相关事实，避免引发民愤的意味浓烈。

（4）我想，走在路上的我，一定比待在死气沉沉宿舍里的我更加冷静。

（5）有些铺垫雕琢的痕迹过于明显和简单直白，让人一下子就能猜到后面的结果，悬疑...

（6）回家过节的理由就很充足吗?

3）助动词谓语句

由助动词“可能”、“会”、“要”、“能”、“可以”等与动词语构成谓语，对主语加以说明。例如：

（1）很多研究者都认为，在更古老的距今200万年前到距今1万年前，男人被戴绿帽子的概率则可能高达10%或更高。
（2）你真的觉得一个曾经为别人生过小孩的女人会有幸福？
（3）赵强与收废铁的老板要进仓库找张云峰，老范拦着没让，他把小伙子从仓库的小铁门放出来，然后用一把小锁把小铁门锁上。
（4）都走出心里的人怎么可能再走回去？
（5）买入卖出的价格下单后能修改吗
（6）去接你的人可能已经到了。
（7）写字的毛笔和画画的笔可以混用吗？

4）表示存现、消失以及开始、结束义的动词谓语句

其中，“VP”为主谓短语的“VP的N”最为常见，例如：

（1）李致中当年承包的宝江化工厂，就在广裕化工厂的旁边。
（2）事故发生4秒前，失速预警振杆器(Stick Shaker)启动并向飞行员发出失速警报的内容出现在录音记录里
（3）美国媒体对于旧金山机场的结构和客机的缺陷问题三缄其口，却无端给韩国文化挑毛病的报道开始见诸报端。

（4）国外经常能看到社区道里横穿马路被汽车撞飞的事故发生。

由其他动词短语构成的“VP的N”则相对少见，例如：

（5）当时机场内引导着陆的设施发生了故障，是否用肉眼进行了手动着陆？（由状中短语构成的“VP的N”）

（6）新华社等中国媒体报道称，一名姓王的学生和另外一名学生在韩亚航空的这起事故中不幸死亡。（由述宾短语构成的“VP的N”）

（7）后来听说那两位坐在她身后的女生失去生命后，心情异常沉重。（由述补短语构成的“VP的N”）

（8）毛泽东此论其实并非无的放矢，因为中共干部进城时，大吃大喝的现象便开始显现。（由并列短语构成的“VP的N”）

（9）有位朋友被人杀害的消息传来的时候我们都很伤心，后来那个凶手别抓了，大家都恨不得他会被判处死刑。（由连谓短语构成的“VP的N”）

5）数量说明谓语句

谓语对“VP的N”进行数量说明，主语为度量类“VP的N”的最为多见，例如：

（1）苏联遭受水灾的面积达50万平方公里，美国28万，印度25万，巴西30万，法国1万平方... 在各种自然灾变(地震和火山爆发，尘暴和干旱中，水灾占有显著的地位。

（2）目前已经就业的人数不足35%，请问如此严峻的社会问题政府该如何解决？

（3）随着来韩旅游的中国游客剧增，取得汉语导游资格的人数也随之增加。

（4）我找工作可谓积极，从大四下学期开始，便马不停蹄地穿梭于各种人才招聘会之间，扔出去的简历数以百计

6）主谓谓语句

“VP的N”为话题，谓语由主谓短语充当，对“VP的N”进行说明。例如：

（1）最后，所谓李某在酒店打人的情节，目前法院并没有做出司法判定，是否存在打人事实尚存疑问，在这种情况下，李在珂擅自发布所谓细节，是极端不负责任的。

（2）不让座的女人，打扮时髦，听完他的话，连眉眼都没动过，完全当他透明。

（3）感谢你的话我还从未对你说过，但今天我必须要对你说，真的谢谢你。

（4）引人关注的崔龙海，他可能被进一步牵制

7）兼语谓语句

谓语由连谓短语中的兼语短语充当。例如：

（1）金导演自杀的消息使传媒界受到冲击，因为金导演是体现国

内电视剧产业成长和膨胀的代表性人物。

（2）认识范杰明的人，没有一个人能想到，这个沉默不语的老头能干出这么疯狂的事来。

（3）知道我的人，或者看过我以前文章的人都知道我是个彻头彻尾的笔迷，迷恋她的程度让我自己都觉得匪夷所思。

8）疑问代词谓语句

由疑问代词“怎么样”、“怎样”充当谓语，对“VP的N”主语进行提问。例如：

（1）他写的字怎么样？

（2）治疗肝癌的效果怎样？

（3）昨天看的电影怎么样？

（4）上麻药之前，李博亚忽然开口问道：“那个跳下去的人怎么样了？”一时间，现场所有的医护人员都愣住了。

9）其他说明性谓语句

例如：

（1）金智恩坐的位置靠近机翼后侧，她的后座是中国人。

（2）贸易顺差迅速扩大的势头得到抑制。

（3）遭碰撞的客机滑出跑道，机翼、引擎等从机身脱落。

（4）下到地上的乘客因为在机内有不同程度的磕碰，所以大多倒在跑道旁边的草坪上。

2.2 做宾语

充当宾语亦是“VP的N”最主要的功能之一。它主要充当受事宾语和当事宾语。[1]

2.2.1 充当受事宾语

“VP的N”经常充当单个动作行为动词的受事宾语，例如：

（1）日本航空002航班当天凌晨0时50分许从东京羽田机场飞往旧金山，当飞至太平洋上空时，发出油压系统的油量正在减少的警报。（“VP”为主谓短语的“VP的N”）

（2）迄今为止，中美两国互相警惕对方的军事力量，采取了尽可能抑制地区矛盾的战略。（“VP”为状中短语的“VP的N”）

（3）他一向不讲究穿着，平日里还穿打补丁的工作服。（“VP”为述宾短语的“VP的N”）

（4）她对我说，其实那个时候她想到了死，是父母给了她活下去的理由。（“VP”为述补短语的“VP的N”）

（5）能承受大起大落的结果，往往不是成熟就是麻木的，幻想是人的本性，但是现实总是让人无奈，所以我们每个人都在学习这承受一切的突如其来。（“VP”为并列短语的“VP的N”）

1. “VP的N”充当施事宾语的很少见，个别如“这时，我身边走过来几个讲上海话的人，高个的男人想坐在我的对面。”

（6）刚才他发送了“来玩”的短信。（“VP”为连谓短语的“VP的N”）

“VP的N”也经常充当心理感知动词的宾语，表示感知的对象，可以看作广义的受事。例如：

（7）作为一名中国经济研究人员，我是越来越真切地感受到了中国经济崩溃的征兆。

（8）游方看着昨天睡过的大床，对自己说了一句：“一切等明天再说、明天再想吧。”

（9）老看到有人炒股赔钱跳楼的消息，如果因为那点钱就跳楼，我估计我已经跳一百次了。

除了单个动词外，“VP的N”还经常充当带结果补语或趋向补语的述补短语的受事宾语。例如：

（10）日本航空002航班当天凌晨0时50分许从东京羽田机场飞往旧金山，当飞至太平洋上空时，发出油压系统的油量正在减少的警报。（“VP”为主谓短语的“VP的N”）

（11）现在回想起当时写这本书的过程，觉得很有意思，但当时觉得非常残酷。（“VP”为状中短语的“VP的N”）

（12）现在合肥能买到刷墙的石灰吗？（“VP”为述宾短语的“VP的N”）

（13）11月8日上午，我院民事审判二庭收到了一份来自上海的邮件。（“VP”为述补短语的“VP的N”）

（14）可叹，一个中国男人在国外生活，怎么就没学到出门在外的绅士风度呢!（“VP”为连谓短语的“VP的N”）

“VP的N”做宾语的述语前还经常出现其他各类状语。例如：

（15）演艺圈**时常**有女星陪吃陪睡的传闻，这刻板印象对女艺人颇不公平。

（16）事实上，《华盛顿邮报》与《纽约时报》等美国主流媒体都在以NTSB的初步调查结果为基础，**纷纷**发布认为事故原因是飞行员操作失误的报道。

（17）“VP的N 检方认为国情院心理战团所属工作人员利用“Bot”程序**在网上大量**散布了介入选举的帖子。”

（18）我**要**告诫那些欺骗感情、玩弄婚姻的男人，也告诫那些识人不明的女人，不要骗人和被人骗。

（19）而且，这**其中还**有一个钱咋花、派谁去的问题。

（20）报导引述荷兰航空公司工作人员证实，**13日确曾**发生中国乘客辱骂空乘人员的事件。

（21）在美国，为了赢得诉讼，会动用全部手段，传唤全部必要的证人和参考人，**还可能会**出现大举传唤青瓦台和韩国驻美大使馆等前职、现职人员出庭作证的情况。

2.2.2 充当当事宾语

“VP的N”最为常见的一个用法就是充当关系动词的宾语，其中最为多见的就是做判断动词“是”的宾语。例如：

(1) 这是薛振源律师发布在微博上的一句话。

(2) 其中，恢复工业区正常运营将是最有争议的问题，预计今后双方还将举行多次工作会谈。

(3) 不接受选民的投票结果，这是动摇民主主义根基的行为。

(4) 代表范家的是范国富的叔叔范杰明，代表李家的是来自河南的张云峰。

(5) 不得不承认，我是一个特别自恋又特别臭美的人。

(6) 他说请我吃东西是请我吃饭的意思么?

其次是充当“有”的宾语，例如：

(7) 在过去确实有过机长成为驾驶舱权威的时代，现在可以认为几乎没有。

(8) 窗户、门等可以通气的间隙都被蓝色胶带封住，没有外部侵入的痕迹，身上也没有外伤。

(9) 一家妓院里，有一名叫甄金莲的妓女，当时年仅14岁，虽然长得漂亮，但尚未发育成熟，所以缺乏女性特有的吸引人的魅力。

(10) 人生就像是本书，总有看完的时候。

(11) 有哪些偷税漏税的方法?

（12）她听后便有了拜李双江为师的想法。

下面是“VP的N”充当其他关系动词宾语的例子：

（13）如何处置这些老旧的化工设备，成为双方争执的焦点。
（14）他们大多为从中国北京、上海等大城市出发经停韩国再飞往美国的长途旅客。
（15）然而这些给人们带来诸多便利的购物卡、消费卡，在某些人手里，却也成了行贿受贿的工具。

“VP的N”除了做关系动词的当事宾语外，还常在存现句中充当当事宾语。述语动词多为“存在”、“出现”这类动词。例如：

（16）电视画面中出现了坐在会场主席台下的张成泽被两名身穿人民保安部服装的人带走的照片。
（17）这时候，我的眼前又出现那杯在美加随处可得的咖啡，就相信这个男人可能真是刚从美国回来的了。
（18）在“轮流发生性行为”过程中，确实存在殴打被害者杨女士的行为。
（19）在保钓爱国游行中，一些大城市相继出现了打砸抢烧的暴行。
（20）在美国，为了赢得诉讼，会动用全部手段，传唤全部必要的证人和参考人，还可能会出现大举传唤青瓦台和韩国驻美大使馆等前职、现职人员出庭作证的情况。

“VP的N”做形动词的宾语，也可看作为一种当事宾语。例如：

（21）我好像明白了主席去看夏妈的意图。

（22）末日神马的对我来说 就是多了个大吃大喝的理由。

2.3 做介词宾语

“VP的N”还经常与介词组合成介词短语。

最常见的是表示动作对象的介词与各类“VP的N”构成的介词短语。例如:

（1）突然，范杰明从大门外的树影后窜出来，先是**朝着**刚刚坐到驾驶座的王章华开了一枪，隔着玻璃，霰弹打到了王的脖子上。

（2）今6月26日中午，纪英男的微博再添新料，她**将**一段范悦在两人相识一千天时录制的视频公布于众。

（3）当地消防队用水和灭火剂**给**身上着火的乘客灭火。

（4）她马上意识到这话不该说，她不该**对**一个即将为她孕育孩子的女孩说这种有关嫁人的话。

（5）但朝方**就**我方提出的要求，即承诺防止类似事件的发生，并未明确发表立场。

（6）在花一般的年纪，就随着这次空难而永远雕落了，**对于**有良知的人们来说，无不为之动容。

（7）她还从咖啡馆的涂鸦本里，**把**几张写得满满的纸给撕下来。

（8）**关于**行贿受贿的数额，都有哪些规定？

（9）那我可以**把**用来买房的钱作个公证么？

（10）所幸的是韩国总统朴槿惠女士已经向中国国家主席习近平先生发去了慰问电，韩亚航空公司已经**向**乘坐这趟航班的中国乘客特地表示了道歉，所有这些正在弥补因这次空难给所有乘客包括中国受难家庭些许安慰。

其次是时间类“VP的N”与介词“在”等组成介词短语。例如：

（11）为什么要**在**我所有亲朋好友等着参加我们婚礼的时候才告诉我这么残忍的真相？

（12）应届毕业生考上事业单位，**在**等待回复期间该做些什么？

（13）猫咪总是**在**跳下去的时候像狗一样叫正常吗？

（14）但是，**在**白手起家刚刚见效益的时候，李致中被政府辞退。

（15）**当**我几乎忘记的时候，这位扮酷的空少，端了一杯咖啡，又出现在我面前：

（16）当天**从**韩方代表团到达会谈现场的一瞬间开始，就预示着会谈不会顺利。

与其他类介词构成介词短语的“VP的N”则相对少见。例如：

（16）**从**粉丝传来的电子邮件来看，大多来自日本、中国、越南和泰国4个国家。

（17）**为了**转户口的事，假离婚行得通吗?

（18）**除了**买车的钱 还要什么费用?

（19）我想走在路上的我，一定**比**待在死气沉沉宿舍里的我更加冷静。

（20）我**被**来自北京的军人威胁了。

（21）6月28日晚，**按照**警方公布的时间，本刊记者驾车实地走访了这一路线。

（22）三是告状的事儿似乎有了眉目，可以**通过**法院倒逼的方式立案。

从以上所举实例不难看出，由“VP的N”组合成的介词短语一般都充当状语或全句修饰语，充当其他成分的极为少见，下边是我们见到的唯一的充当补语的例子：

（23）到上海后，他把我安排在上次住过的酒店。

2.4 做状语或全句修饰语

时间类“VP的N”可以做句中状语或全句修饰语。最为常见的是由“时候”构成的“VP的N”，后边常常用逗号隔开。例如:

（1）他来的时候我正在看电视。

（2）再次跨出监狱大门的时候，原来的那个“一听政治就睡觉”

的行吟诗人，已经变成了一个底层社会的记录者。

（3）一次旅游中，爬到山顶上的时候，李双江突然停下来。

（4）看电视的时候别说话。

（5）功夫熊猫，看完的时候感觉被扇了一耳光

（6）李致中接到电话得知张云峰被害的时候，正在无锡参加一个饭局。

这类“VP的N”还常常用于层次复杂的复句的句首，其时间辖域覆盖下边的几个分句，这时其独立性更强，其后必用逗号隔开。例如：

（7）刚来厂里的时候，门卫的师傅都不服他，只有一个师傅听他的话，他很快就把这位师傅调去仓库当保管员，还提了工资。

（8）刘志军被公诉的时候，我对他的生死很悲观，写了篇拙作，讲他如何命悬一线。

“N”为其他时间词的“VP的N”也能做状语或全句修饰语，例如：

（9）失事客机与地面撞击的同时，机轮似乎在漂移，紧接着飞机零部件开始散落在机场跑道上。

（10）李云做手术的当天，只有我和张浩来医院。

（11）认识李双江的当年，梦鸽就登上了央视春晚。

（12）接下来的日子，李云就真的天天来酒店陪我。

（13）没钱没豪车没美女的日子我还能逍遥自在？

其他类“VP的N”很难做状语或全句修饰语。

2.5 做定语

“VP的N”结构本身含有“的”，作为一个整体充当定语受到一定限制，因此与充当其他句法成分相比，并不多见。一般限于“VP”为述宾短语和状中短语、“N”为指人名词的“VP的N”。后边一般用“的”或“之”。例如：

（1）美国有线电视新闻网（CNN）援引事故当时在机场附近的一位叫凯特-贝尔丁的女性的话报道说：……

（2）这个成天“爱惹事”的儿子有一天会成为西方图书市场上最受欢迎的现代中国作家之一。

但也有后边不用“的”或“之”的，例如：

（3）但有一天却打扮得整整齐齐，一问才知道是参加多年未见的战友聚会。

（4）所有这些原因放在任何一个渴望做母亲的人身上，都会引起哭泣，只是哭泣的方式有所不同。

2.6 与方位词组成方位短语

“VP的N”还经常与方位词构成方位短语。其中“VP”为主谓短语的“VP的N”与方位词的组合最为多见，可与“上”、“下”、“中”、“里”等多个单音方位词组合，然后与“在”等介词组合成介词短语。例如:

（1）有时，我甚至有些怀疑，自己从小教导丫头遵纪守法，在这个纲纪废弛的社会**里**，是否合时宜。

（2）据国土交通省东京机场事务所的调查结果显示，在客机着陆的跑道**上**发现了漏油的痕迹。

（3）在这次事故中，数百人在飞机机体残破，甚至机舱着火的情况**下**生还。

（4）另外，《21世纪经济报道》报道刘志军案子的文章**中**，还揭发出一个案中案。

（5）韩国政府一位相关人士表示：“从北方代表们参加会谈的态度**中**可以切身感受到，尽管因为自尊而不可能说出‘抱歉’等话，但认真而富有诚意。”

其次较为常见的是“VP”为述宾短语和状中短语的“VP的N”与“中、上、下”构成方位短语，然后与“在”组合成介词短语。例如:

（6）北方的态度变化会在10日举行的会谈**中**得到进一步体现。

（7）我方指出，在搬运物资的过程**中**，可以同时进行对有关设备的检查，此时韩方人员的人身安全必须得到保障。

（8）在去医院的路**上**，我顺便到邮局把上次张浩给我的五千元钱寄回家里。

（9）在领土主权问题上，任何一方都很难让步，各方只能在维持现状的情况**下**，逐渐缓和矛盾。

“VP”为述补短语、并列短语、连谓短语的“VP的N”则很少与方位词组合。

从上举例句中不难看出，由“VP的N”构成的方位短语主要功能是与介词组合成介词短语，然后充当句中状语或全句修饰语，但我们也能见到方位短语单独做状语或全句修饰语的例子，例如:

（10）量价齐升的局面**下**，后市的上涨行情期望有多大?

（11）由此，元世勋成为前总统李明博执政时期启用的人士**中**在现政府成立后第一个被批捕的人士。

（12）教朋友的过程**中**你会成为一名出色的老师。

这些方位短语前都可以加上“在”，因此可以看作是“在”的省略用法。

第四章

“VP+N”的类型和功能

一、问题的提出

二、“VP+N”的语义类型

三、“VP+N”的句法功能及其广泛应用的原因

四、“VP+N”结构所受的制约

五、结语

第四章

"VP+N"的类型和功能

一、问题的提出

根据已有研究的调查及研究成果，可以确认，"动词+名词"这一偏正结构形式已在现代汉语中普遍运用，并已得到理论上的支持，也就是说，对动词不依赖"的"直接做定语的现象已得到学术界的普遍承认。[1] 但是，至今为止，几乎所有语法论著和语法教材在谈到短语做定语的规律时，都认为动词短语和主谓短语作定语要用"的"。虽然在表述时有的用"必须"、"得"、"一定要"这类词语，有的用模糊的"一般"、"通常"这类限制语，但结论是一致的。如吕淑湘(1979)在分析主谓短语的性质时说:"主谓短语在句子里主要是用来

1. 参见李铁根(2012)。

做主语或宾语，是名词性短语的性质。如果要用它修饰名词，得加个‘的’字，就变成‘的’字短语，不再是主谓短语了。”[1] 以后几十年学术著作和教材中基本也都持这种观点。如黄伯荣、廖序东(1997)说：“短语做定语，一般要加‘的’”。[2] 卢福波（1996）说：“动词及动词性词组以及主谓词组、介词词组、固定词组等都要加‘的’。”[3] 刘月华等（2001）说：“动词、动词短语作定语一般要用‘的’”、“主谓短语作定语要用‘的’”。[4] 邵敬敏（2007）也说：“定语由形容词、名词、量词结构充当时，不一定要用‘的’，而由各类词组充当时，通常都要借助于‘的’来连接”。[5] 国外的语法教材也都采用这种说法。如韩国国内出版的中国语法教材的译本自不必说，韩国学者编著的教材也都采用中国语法教材的上述观点。

然而，这种观点是很值得商榷的。只要稍加注意，就能看到反例。例如：

（1）一个月前，他们已听说万科上海公司内部在酝酿旗下楼盘降价事宜。

（2）k某将在不拘留状态下接受审判，但还没有定下首次辩论日期。

（3）李双江在访谈中曾大谈过教育孩子问题。

（4）买官卖官行为屡禁不止，原因何在？

1. 吕淑湘(1979)，第51页。
2. 黄伯荣、廖序东(1997)，第83页。
3. 卢福波(1996)，第175页。
4. 刘月华等(2001)，第480-481页。
5. 邵敬敏(2007)，第189页。

以上四例分别是主谓短语、状中短语、述宾短语和并列短语直接做定语的例子。这些都不是孤例，具有一定的能产性，我们可以举出大量同类例子：

旗下楼盘降价事宜：

列车相撞事件　汽车追尾事故　学校老师骂人事件……

首次辩论日期：

电话订票时间　自由讨论阶段　自我反省时期……

教育孩子问题：

提取现金问题　收取会费问题　乱倒垃圾问题……

买官卖官行为：

打人骂人行为　上台下台动作　行贿受贿行为……

显然，我们的教材说明背离语言事实，存在严重问题。

需要指出的是，动词短语做定语要带“的”的观点不仅在教学中经常受到学生的质疑，而且有不少学者也都注意到短语不带“的”直接做定语的现象。如述宾短语直接做定语的现象曾被多位学者提及。丁声树等（1979）即已指出名词前头的修饰语可以是名词，代词，动词，也可以是述宾短语和主谓短语，所举述宾短语充当修饰语的实例“请假制度”，“抗日战争”均为述宾短语不带“的”直接做定语构成的偏正短语。1.朱德熙（1982）更明确地指出：“粘合式述宾结构往往可以直接（不带‘的’）作定语”，所举实例如“造船技术”、

1. 丁声树等（1979），第14页。

“上课教员”、“救济难民问题”、“招收研究生办法”等。1.沈家煊（2012）也指出“包括名动词在内的双音动词修饰名词的时候还可以带宾语，所举之例如“到达北京时间”、“适应环境能力”、“解决问题办法”、“复习功课情况”、“强奸男人罪”、“拐卖儿童罪”等，还指出“单音动词一般要带上宾语才能直接修饰名词”，所举之例如“跨世纪人才”、“印假钞机器”、“留美博士”、“打拐民警”等。此外，李铁根（1986）、齐沪扬等（2004）在论证四音节“ＶＮ”的多种扩展形式时，指出其中之一就是述宾、状中、主谓、并列短语扩展，并举出各类短语不带“的”直接做定语的实例。2.令人遗憾的是，上述学者都没有针对述宾短语直接充当定语的现象集中展开全面细致的描写分析，其观点似乎也没有得到学术界广泛认可，因而在汉语教材和实际的汉语教学中没有得到应有的反映。其结果就是，一方面高校教材和对外汉语教材中否定述宾短语直接作定语的功能，另一方面，学者在论述相关问题时又在列举述宾短语直接做定语的实例。这的确是一个令人费解的现象。

综上，现有的汉语教材中关于动词短语做定语要带“的”的观点违背语言事实，已引起某种程度的混乱，而语法学界对各类短语直接做定语的现象又缺乏全面细致的考察分析，对该类偏正短语的认识至今仍处于模糊状态，对其内部构成特点、语义类型、功能特点、表达作用及与之相应的带“的”构成的偏正短语之间的区别等问题都没有进行过认真思考，导致片面乃至错误的认识延续至今，严重影响了实

1. 朱德熙（1982），第111-113页。
2. 齐沪扬等（2004），第87页。

际的汉语教学。

本章拟对各类短语直接做定语构成的偏正短语的类型和功能进行全面的描写分析，力图廓清我们对各类短语直接做定语现象的认识，从而为汉语语语法教学提供更为客观的依据。

为行文简练，我们用“VP+N”指代以动词性短语直接做定语构成的偏正短语。

二、“VP+N”的语义类型

2.1 “VP”为主谓短语的“VP+N”的语义类型

2.1.1 时间类

时间类“VP+N”是“VP”为主谓短语的“VP+N”常见的语义类型。其中的主语可以是单个名词（指人名词或非指人的抽象名词），也可以是偏正短语；谓语可以由双音节动词充当，也可以由述宾短语充当。除了“时”以外，“N”都由表示时间意义的双音节名词充当。例如：

胡锦涛访加期间　高温持续时间

邓育昆堕楼当晚　金正日接班当时

新干线停运期间　婚姻破裂过程

国脚统治联赛时代　小刘和小王上街买菜时

王大妈昨天带着孩子来找我时

2.1.2 处所类

“VP”为主谓短语的处所类“VP+N”中主谓短语中的主语多由非指人的双音名词充当，少数由带双音节名词定语的偏正短语充当，谓语多由双音节动词充当。“N”则都有双音节处所义名次充当。例如：

动车相撞地点　鼠标移动方向

战役发生地点　飞碟坠毁现场

温州动车脱轨现场　学院车辆停放位置

2.1.3 原因类

“VP”为主谓短语的原因类“VP+N”中，主谓短语中的主语多为双音节非指人名词，或中心语为非指人名词的偏正短语或并列短语，谓语 多为双音节单向动词。例如：

动车追尾原因　物价上涨因素

婚姻破裂主因　大盘下跌原因

空调价格上涨原因　地震与火山爆发成因

2.1.4 同一类

同一类“VP+N”是“VP”为主谓短语的“VP+N”中最常见的语义类型。主谓短语的构成形式也最为多样。其中的主语可以是指物名词，也可以是指人名词；可以是个单词，也可以是较复杂的定中偏正短语。谓语可以仅由一个双音节的单向动词充当，也可以由一个短语充当，述宾、并列、状中、连谓等短语形式都可以在谓语位置上出现。“N”为双音节名词。例如：

学校老师骂人事件　船员遭劫杀事件

家庭解体现象　甘肃青年吸毒贩毒问题

温州动车追尾脱轨事故　一架小型飞机坠毁惨剧

“名牌在韩国高卖”现象　士兵持枪乱射战友事件

执行不到位问题　驻吉林市某部4名战士携枪出逃事件

2.1.5 关涉类

“VP”为主谓短语的关涉类“VP+N”可细分为如下三小类：

告示类：“N”由表示告知意义的双音节文体名词充当。其中主谓短语中的主语多为双音节或多音节名词，有时也由偏正短语充当，谓语多为双音节单向动词，例如：

房屋出租告示　会议延期通知

飞机晚点通报　双色球开奖公告

联想扬天项目上线通告　部分始发列车晚点公告

传闻类："N"由表示传闻、消息、真相一类意义的双音节名词充当。其中主语可以是双音节或多音节的指人名词或指物名词，也可以是一个短语，谓语可以由一个单向动词充当，也可以由述宾短语、状中偏正短语、连谓短语充当还，还可以由动词的被动形式充当。例如：

军机坠毁消息　焦糖色致癌说法

妻子出轨实情　数十人伤亡消息

中国计劃袭击印度言论　刘谦春晚遭棄内幕

中国船员被杀真相　李姬镐和玄贞恩赴朝吊唁金正日消息

载体类："N"是纪录"VP"所表事件的载体，常见的有"日记、视频、影像、录像、电视剧、故事"等。载体类中主谓短语中的主语多为指人名词，也可以是个偏正短语；谓语可以由单向动词充当，也可以由述宾短语充当。例如：

父母离婚日记　飞碟坠毁故事

大学同学聚会录像　警察抓小偷视频

漳州一中1967届高中同学聚会录像

关涉类“VP+N”经常用于标题句。

2.1.6 结果类

“VP”为主谓短语的结果类“VP+N”中，主谓短语中的主语多由指物名词充当，有时由结构简单的偏正短语充当，谓语多由双音节单向动词充当，“Ｎ”由双音节名词充当。例如：

高温持续结果　物价上涨压力

经济崩溃征兆　道德滑坡趋势

生产者物价上涨势头

2.1.7 度量类

“VP”为主谓短语的度量类“VP+N”中，主谓短语中的主语可由指人或指物名词充当，有时由结构简单的偏正短语充当，谓语多由双音节单向动词充当，“Ｎ”由双音节名词充当。例如：

女足赢球概率　飞机坠机几率

刘志军受贿金额　贪官行贿数额

民航飞机飞行高度　俄罗斯陨石坠落速度

微博主页被访问次数　大陆游客年度来台旅游人数

2.2 “VP”为述宾短语的“VP+N”的语义类型

2.2.1 “VP”为述宾短语的“VP+N”的组合形式

“VP”为述宾短语的“VP+N”有如下六种组合成形式：

a 类：单音节动词+单音节名词+单音节名词。例如：

拉车人　卖血钱

跳绳时　切菜刀

b 类：单音节动词+单音节名词+双音节名词。例如：

关门动作　抢钱过程

收钱柜台　帮人方法

c 类：单音节动词+双音节或多音节名词+双音节名词。例如：

耍流氓行为　晒太阳时间

下象棋软件　放自行车地方

d 类：双音节动词+双音节或多音节名词+双音节名词。例如：

虐待儿童行为　修理电脑时候

堆放垃圾场所　处理问题方式

存放自行车场地

e 类：双音节动词+四音节定中偏正短语+双音节名词。例如：

残害医务人员罪行　整理搬家物品时候

处理交通事故过程　解除劳动合同原因

f 类：单音节或双音节动词+双音节或多音节名词或偏正短语+单音节名词。例如：

听音乐时　买衣服钱

强奸幼女罪　领取护照时

考研究生时　整理搬家物品时

以上六类中，b 类和 f 类是最为自由的组合形式。其次较为多见的是 d 类组合形式。e 类则最为少见，换句话说，由短语做宾语的述宾短语直接充当定语的“VP+N”最受限制（e 类除外）。除上述六类以外的其他形式的“VO+N”则很少见到。

2.2.2 “VP”为述宾短语的“VP+N”语义类型

2.2.2.1 主体类

“VP”为述宾短语的主体类“VP+N”主要有上述（2.2.1）a、b、c 三种组合形式。例如：

a 类：放火人　偷车人

丢钱人　跳河人

b 类：骂人教授　打人青年

卖菜农民　修车人员

c 类：下象棋高手　玩游戏高手

　　穿裙子女性　反政府势力

2.2.2.2 时间类

时间类“VP+N”是“VP”为述宾短语的“VP+N”最为常见的语义类型。其组合自由度也最高，上述（2.2.1）六种组合形式都有。例如：

a 类：停车时　喝水时

　　吃药时　等人时

b 类：上车时间　回家时候

　　开花季节　等人期间

c 类：晒太阳时间　放风筝时间

　　买衣服时候　坐火车期间

d 类：回答问题时间　选举总统期间

　　修理电脑时候　修改文章过程

e 类：表达爱国热情过程　处理交通事故过程

f类：写文章时　领取护照时

　　卖二手货时　表达爱国热情时

2.2.2.3 处所类

“VP”为述宾短语的处所类“VP+N”主要有上述（2.2.1）b 、c 两种组合形式。例如：

b类：买菜地点　出事车厢

下棋房间　退票窗口

c类：下围棋场所　放行里地方

打麻将房间　上大课教室

2.2.2.4 原因类

“VP”为述宾短语的原因类“VP+N”主要有上述（2.2.1）b、d两种组合形式。例如：

b类：杀人理由　得病原因

退票缘由　撞车主原

d类：放弃面试原因　卖出股票理由

退出资格赛原因　解除合同原因

2.2.2.5 工具类

“VP”为述宾短语的工具类“VP+N”主要有上述（2.2.1）a、b、c、f四种组合形式。例如：

a类：买菜钱　切菜刀

炒菜锅　画画纸

b类：造船材料　造酒原料

盖房资金　撬锁工具

c类：粘木头胶水　盖房子费用

读大学费用　下象棋软件

f 类：买衣服钱　买房子钱

买鞭炮钱　买手机钱

2.2.2.6 方式类

“VP”为述宾短语的方式类“VP+N”主要有上述（2.2.1）b 、c 、d 三种组合形式。例如：

b 类：骂人方法　跳绳技巧

订票规则　走路方式

c 类：买彩票技巧　练气功方法

讲故事技巧　写毛笔字方法

d 类：表演小品技巧　解决问题方法

处理问题方式　刺激经济政策

2.2.2.7 同一类

“VP”为述宾短语的同一类“VP+N”有上述（2.2.1）b 、c 、d 、e四种组合形式。例如：

b 类：打井问题　关门动作

宰鸭行动　捡钱行为

c 类：打篮球问题　闯红灯行为

闯红灯现象　耍流氓行为

d 类：辱骂教师事件　虐待儿童行为

节制饮酒活动　提取现金问题

e类：收取卫生服务费问题　控告相关媒体行动

2.2.2.8 关涉类

“VP”为述宾短语的关涉类“VP+N”有上述（2.2.1）b、c、d、f四种组合形式。例如：

b类：跳楼图片　反美思想
　　　找人信息　买官短信
c类：进央视内幕　拜天地图片
　　　打电话习惯　下象棋游戏
d类：清剿毒品任务　退出春晚内幕
　　　模拟开车游戏　移居国外真相
f类：杀人罪　放火罪
　　　强奸幼女罪　颠覆国家政权罪

2.2.2.9 目的类

“VP”为述宾短语的目的类“VP+N”常见的只有上述（2.2.1）b类一种组合形式。例如：

杀人动机　写信目的
建党宗旨　买枪目的

2.2.2.10 度量类

“VP”为述宾短语的度量类“VP+N” 常见的也只有上述（2.2.1）b类一种组合形式，例如：

买房金额　让价幅度
花钱效率　减税力度
走棋速度　输球概率

2.3 “VP”为状中短语的“VP+N”的语义类型

2.3.1 主体类

“VP”为状中短语的主体类“VP+N”中“N”一般由指人或机关团体的双音节名词充当。例如：

当晚值班人员　对朝援助团体
临时招募人员　自动离职员工
电话诈骗分子　对台军售企业

2.3.2 受事类

“VP”为状中短语的受事类“VP+N”中“ＶＰ”与“Ｎ”具有动作与该动作支配对象的关系，“Ｎ”由名词“对象”充当，是“状Ｖ”

所表动作行为的受动者或关涉者，可以是人，也可以是事物。例如：

重点监控对象　特殊照顾对象
重点培养对象　重点考察对象
重点分析对象　优先谈判对象

2.3.3 时间类“VP+N”

除了“时”以外，“VP”为状中短语的时间类“VP+N”中“N”都是由表示时间意义的双音节名词充当。例如：

给我打电话时　向校长提出各种要求和待遇时
自由发言时间　快速增长过程
快速上涨时刻　自由讨论阶段
自我反省时期

2.3.4 处所类

“VP”为状中短语的处所类“VP+N”中“N”都由表示处所意义的双音节名词充当。例如：

高价消费市场　继续下跌空间
自动闭塞区间　廉价购物网站
高档消费场所　实名制购票范围

2.3.5 方式类

“VP”为状中短语的方式类“VP+N”中“N”都由表示方式意义的双音节名词充当。例如：

铁腕统治方式　快速进攻手段
暴力镇压手段　紧急制动方法
对朝制裁措施　今日操作策略

2.3.6 同一类

同一类是所有“VP”为状中短语的“VP+N”中最常见的类型。例如：

大幅增仓现象　单边下跌风险
集体自杀惨剧　电话订票业务
非法捕捞行为　快速反击战术
重新谈判问题

2.3.7 关涉类

“VP”为状中短语的关涉类“VP+N”常见的有两种。

一是“协议”类，“N”由表示协议政策一类意义的双音节名词充当，例如：

友好交流协定　双边引渡条约
对朝粮援计划　双边合作协议

二是传闻类。“N”由表示传闻、真相、内幕一类意义的名词充当。例如：

春晚落选内情　离奇死亡真相
非法同居实情　6月结婚传闻

2.3.8 结果类

“VP”为状中短语的结果类“VP+N”中“N”一般都由双音节抽象名词充当。例如：

短线调整风险　小幅升值态势
真正止跌迹象　单边升值趋势
初步调查结果　联合打击火力
和平发展姿态　迅速扩大势头

需要指出的是，“VP”为状中短语的“VP+N”中的“状”大多由形式简单的词语充当。具体来说，主要包含以下几类词语：

a. 表示行为方式的名词：
铁腕统治（方式）　电话订票（业务）

b. 表示时间、处所的名词语：

当晚值班（人员）　现场逃生（路线）

c. 非谓形容词：

异性陪侍（人员）　非法捕捞（问题）

d. 描写动作行为的双音节性质形容词：

紧急撤离（路线）　缓慢回落（态势）

e. 介词短语：

与柏芝相处（内幕）　以书会友（方案）

f. 述宾短语（多为单音节动词和单音节名词构成）：

分批援助（方式）　跨国犯罪（活动）

g. 表示行为次数的量词短语：

二次抄底（良机）　多次入境（签证）

2.4 "VP"为并列短语的"VP+N"的语义类型

2.4.1 能用于"VP+N"中的并列形式

从内部结构上看，"VP"为并列短语的"VP+N"中"N"除个别单音节名词（如"时"）以外，一般为双音节名词，而"VP"的构成情况则相对复杂。经考察，能直接充当定语的并列短语主要有以下几种：

2.4.1.1 由单音节动词构成的“V+V”

“VP”由动词直接组合，但也有的用顿号连接。主要有两种类型。

一种是由两个单音节动词构成的“V+V”，这是最为常见的组合形式。只要两个动词能够组成并列短语，这个并列短语通常都能和特定双音节名词组合成“VP+N”。因为这种结构和双音节动词直接做双音节名词定语的偏正结构具有节律上的一致性，所以该组合方式具有较强的能产性。

从意义上看，由两个具有反义关系的单音节动词构成的“V+V”最为常见，例如：

赏罚（制度） 赏罚（措施）
问答（频道） 问答（技巧）
来去（费用） 来去（机票）

其次是由两个表示相关动作行为的动词构成的“V+V”。例如：

吃喝（问题） 吃住（方面）
偷抢（事件） 死伤（人员）
打骂（行为） 听说（能力）

另一种是由三个以上单音节动词构成的“V+V+V+……”，多由表示相关动作行为的几个单音节动词构成。例如：

打砸抢（分子） 走跑跳（动作）

打砸抢烧（事件） 吃喝嫖赌（恶习）

吃喝拉撒睡（问题） 吃喝玩乐住（场所）

2.4.1.2 由双音节动词构成的“V+V”

一种是双音节动词构成“V+V”形式。这是最为常见的组合形式。并列的两个动词可以直接组合，也可以借助“和”、“与”、“或”等连词或顿号的帮助来组合。从构成形式上看，常见的是由两个包含相同语素的双音节动词构成的“V+V”。从意义上看，最为常见的是两个具有同义、反义关系的动词组合，例如：

暴饮暴食（习惯） 大包大揽（方式）

自立自强（精神） 观光旅游（线路）

违法舞弊（问题） 考试、考察（方法）

行贿受贿（事件） 贷款还款（方式）

上班和下班（时间） 买入卖出（时间）

出生死亡（日期） 上升下降（过程）

其次是两个相关动作行为的动词组合，例如：

偷税漏税（行为） 吸毒贩毒（案件）

卖淫嫖娼（活动） 迟到旷课（现象）

检查督促（作用） 解释、安抚（工作）

另一种是由三个以上双音节动词构成的“V+V+V+……”形式。较为常见的是包含或部分包含相同构词语素的几个动词的组合，例如：

罢工罢课罢市（浪潮）　吸毒制毒贩毒（行为）

打假打黑扫赌（风暴）　偷税、逃税、漏税（现象）

其他如：

迟到早退怠工（现象）　吸毒、赌博、卖淫、嫖娼（行为）

止血、散瘀、消肿、去痛（作用）

2.4.1.3 由两个短语构成的“VP+VP”

由两个短语构成的“VP+VP”中常常包含相同成分。最常见的是由单音节动词和单音节名词组成的两个述宾短语构成的并列短语。例如：

防雷防风（措施）　陪吃陪睡（黑幕）

有房有车（人士）　买官卖官（现象）

买房卖房（过程）　抗灾救灾（任务）

其次是由两个状语和中心语都是单音节词的状中短语构成的并列短语，其中的状语大多为同一个词。例如：

大吃大喝（行为）　大喊大叫（情况）

快进、快退（功能）　全攻全守（战术）
直来直去（性格）　上串下跳（走势）

由其他短语类型构成的并列短语很难用于“VP+N”中。[1]

2.4.2 “VP”为并列短语的“VP+N”的语义类型

2.4.2.1 主体类

“VP”为并列短语的主体类“VP+N”中“N”一般由“人员”、“人士”、“分子”、“员工”这类指人名词或“事业、小组”这类指物名词充当，它们的共同特点是黏着性较强，只有加上修饰语之后才能明确其所指内容，所以一般不能单独作主语或宾语。例如：

接送人员　打砸抢分子
抢险救援人员　卖淫嫖娼男女
有房有车人士　降职降薪员工
监督考察小组

1. 由并列结构构成的成语也常常用于“VP+N”中，例如：
诲淫诲盗（主题）　争权夺利（战场）
自暴自弃（现象）　不即不离（态度）
破釜沉舟（精神）　弄虚作假（手段）

2.4.2.2 时间类

“VP”为并列短语的时间类“VP+N”中“N”除了“时”以外，“N”都是由表示时间意义的双音节名词充当。例如：

读书写字时　接送时间
吃住行时间　出生死亡日期
大鸣大放时期　买入卖出时机
买入卖出时间　买官卖官过程
酝酿或施工阶段

2.4.2.3 处所类

“VP”为并列短语的处所类“VP+N”中“N”都是由表示处所意义的双音节名词充当，例如：

接送地点　吃睡场所
吃喝玩乐场所　捐款捐物地址
检查验收范围　反腐倡廉阵地
争名夺利战场　旅游观光路线
出生、即位和死亡地点

2.4.2.4 方式类

“VP”为并列短语的方式类“VP+N”中“N”一般多由双音节抽象名词充当，例如：

进退规则　偷税漏税手段

防火、防爆措施　偷税漏税方法

贷款还款方式　考试考核办法

2.4.2.5 同一类

同一类是“VP”为并列短语的“VP+N”中最常见的类型。对能进入该结构的并列短语的形式容纳度最高。并列成分各为单音节或双音节动词的“V+V”最为多见，“V”由双音节的述宾短语或状中短语充当的也不少见，例如：

吃穿问题　偷抢行为

推拉动作　贪污腐败问题

违法犯罪行为　迟到旷课现象

抢险救援工作　读书写字活动

大吃大喝现象

此外，同一类中的“VP”还可以是含有多项并列成分的并列短语，例如：

走跑跳动作　打砸抢烧事件

迟到早退怠工现象　吸毒制毒贩毒行为

另需特别指出的是，“N”为“方面”的同一类“(V+V)N”以不加“的”为常，其对复杂的并列短语的容纳度也最高，例如：

吃喝拉撒睡方面 创造就业岗位和稳定物价方面

打击跨国犯罪和遣返逃犯方面

2.4.2.6 关涉类

“VP”为并列短语的关涉类“VP+N”中“N”多由表示传闻、真相、内幕、信息一类意义的双音节名词充当。例如：

买房卖房信息 检查验收内容

买官卖官丑闻 仇杀情杀传闻

陪吃陪睡黑幕 赔礼道歉信息

2.4.2.7 结果类

“VP”为并列短语的结果类“VP+N”中的“N”主要由“结果、效果、效率、习惯、规模、浪潮、氛围、风暴”这类双音节抽象名词充当。例如：

调查研究结果 推荐聘用规模

读书、写字氛围 打假打黑扫赌风暴

2.5 “VP”为连谓短语的“VP+N”的语义类型

与上述“VP”为主谓、述宾、状中和并列结构的“VP+N”相比，

“VP”为连谓短语的“VP+N”并不多见。出现于“VP+N”中的连谓短语的结构大都是“2+2”节律的四字结构形式，“N”均由双音节抽象名词充当。主要有如下三种语义类型。

2.5.1 时间类

例如：

躺着看书时　陪她看电视时
回家休息期间　放假回家时候
聚众闹事过程　回国探亲时间

2.5.2 同一类

例如：

打人致死事件　拦路抢劫事件
断电停运事故　养老赡养问题
拉闸限电措施　入室盗窃行为

2.5.2 关涉类

例如：

拆迁补偿政策　应急救援预案

伤害致死案件　出手买房信号

带薪休假权利　聚众淫乱罪名

三、"VP+N"的句法功能及其广泛应用的原因

3.1 "VO+N"的句法功能

作为名词性短语，同"VP+的+N"等其他名词性短语一样，"VP+N"在句中主要充当主语、宾语及介词宾语，例如：

(1) 动车追尾惨剧让我们看到了什么？（充当主语）

(2) 不少小区和公共场所，乱倒垃圾现象也十分严重。（充当主语）

(3) 她经常给我打骚扰辱骂电话，还给我们公司好多人打。（充当宾语）

(4) 下午3时11分，电力交易所在未经知识经济部批准和没有通知国民的情况下，单方面采取了拉闸限电措施。（充当宾语）

(5) 另外，韩国出口企业也对年底出口前景持悲观看法。（充当

介词宾语）

值得注意的是，“VP+N”经常在多层偏正短语中做定语或中心语，这是它与“VP+的+N”在句法功能上的重要区别之一。首先看做定语的例子：

（6）“李孝利自杀谣言”的发源地乃社交网站。

（7）我不会告诉你卖菜大姐的眼神有多无辜的。

（8）谁知道自由发言时间的背景音乐啊？

（9）男人无奈的叹了口气，不知道为什么，自己似乎对这种直来直去性格的人没有什么办法。

从所举实例不难看出，“VP+N”比“VP+的+N”更适于以一个结构和语义整体的身份做定语。如果我们用相对应的“VP+的+N”结构（“李孝利自杀的谣言”、“卖菜的大姐”、“自由发言的时间”、“直来直去的性格”）替换以上定语位置上的“VP+N”，则不仅结构松散，而且破坏了定中之间的层次和语义联系，势必加大理解上的难度。

同理，“VP+N”也更容易以一个结构整体的身份做中心语，接受其他定语的修饰。这也是该结构得以广泛应用的原因之一，详见后文。

另需指出的是，时间类“VP+N”除了和介词组合成介词短语以外，也经常独立充当全句修饰语。例如：

（10）胡锦涛访加期间，中加双方签署中国公安部和加拿大皇家骑警关于打击犯罪的合作谅解备忘录。

（11）购买股票后期还需要支付钱吗？

（12）请教各位大侠，自由辩论阶段提些什么为题好呢？

（13）大鸣大放时期，我没在学校，我没有贴过一张大字报，没有向领导提过一条意见。

3.2 “VO+N”的表达作用

“VP+N”式短语有逐渐增多的趋势。现在，我们随便翻开一份报纸或一本杂志，或进入一个网站，就能看到大量“VP+N”实例。那么，“VP+N”有什么特殊的表达作用？为何能得以广泛运用？

经过考察，我们认为“VP+N”的表达作用主要体现在如下几个方面。

3.2.1 满足语义表达凝练的需要

显然，与“VP+的+N”相比，“VP+N”结构紧凑，语义凝炼度高，有“VP+的+N”无法取代的表达作用。因此，在语言交际中，只要为了表达语义凝炼的内容，人们就愿意在条件允许（即不用“的”该结构可以成立）的情况下选择使用“VP+N”。这一点在标题句里体现得最为充分。

标题的最大特点之一就是用简练的词句表达文章段落的主题，具有结构紧凑、言简意赅的特点。“VP+N”语义凝炼的特点正好可以满足标题精简化的需要，因而，被大量用于文章段落、报刊栏目、版面专题、图片视频等的标题。有的“VP+N”单独作标题。例如：

反弹夭折原因　换宿舍理由
自由讨论时间　捐款捐物信息

有的作为一个成分用于标题句中，例如：

民航西北局介入飞豹坠毁事件
女警生死瞬间一把拽住跳楼女子
大干快上政绩催生大干快上口号
楼市调控方向继续向左 但二线城市已现暗中松动现象
全国房价狂降 注意7个最佳出手买房信号

为满足标题精简化的需要，人们还常常突破结构限制，使用正文中很难见到的“VP+N”形式。例如：

云南省泸西县大面积长时间停电原因
卫生部长陈竺要求严打残害医务人员罪行
“英超最被低估球员”朴智星上榜
和大家一起分享来深的租房买房卖房经历——辛酸自知

显然，这类结构复杂的“VP+N”只能在标题中使用，在正文中或者使用相应的“VP+的+N”结构，或者使用其他同义表达形式。

3.2.2 满足结构层次分明的需要

除了在标题句中的独特作用外，“VP+N”作为一个结构紧凑的整体，在句中还有其特殊的表达作用。前文已经指出，作为一个表义整体，“VP+N”比“VP+的＋N”更适于充当定语修饰中心语。这里要进一步指出的是，“VP+N”比“VP+的＋N”更适于充当句中某个复杂结构中的一个成分。此时，同“VP+的＋N”相比，它可以使结构层次更加分明，有助于读者辨析层次、理解内容。这一点在含有多层定语的偏正短语中体现得尤为明显。

吕淑湘（1979）曾指出“并列的‘的’字短语修饰一个名词很自由。但是两个‘的’字短语逐层修饰一个名词——‘A的+（B的+名）’，在语音节律上不够协调，语义层次上也不够明确，最好尽量避免。三个以上‘的’字短语逐层组合‘A的+[B的+（C的+名）]’或‘（A的+名）的+（B的+名）’几乎决不允许。”他指出的避免的方法之一就是减少层次（内层结构改为直接组合的名词短语）如将“高山上的稀薄的空气”改为“高山上的稀薄空气”。1.

经考察，“VP+N”在很多情况下正是为适应这种结构要求而使用的。如当“VP+N”在带“的”的定中偏正短语中作为中心语使用时，如果我们用“VP+的＋N”来替换“VP+N”，则语音节律上不自然，语义层次不够清晰，表达效果大大降低。而且，由于多出一个“的”，结构变得松散，增加了读者辨析层次的难度，读者也难以快速解读。例如：

---

1. 吕淑湘（1979），第135页。

（1）另一位叫做沃尔夫的专家也指出，欧元区成员国正遭遇一波严重的买家后悔浪潮。

比较：另一位叫做沃尔夫的专家也指出，欧元区成员国正遭遇一波严重的买家后悔的浪潮。

（2）央视春晚的敲钟时间怎能一错再错?

比较：央视春晚的敲钟的时间怎能一错再错?

（3）近几年，警方开展了一波又一波的集中扫黄行动，查获了大量卖淫嫖娼、有偿陪侍等涉黄人员，许多场景不堪入目。

比较：近几年，警方开展了一波又一波的集中扫黄的行动，查获了大量卖淫嫖娼、有偿陪侍等涉黄人员，许多场景不堪入目。

（4）各地陆续出现的一些“打砸抢”现象表明，个别人的“爱国”，走错了方向。

比较：各地陆续出现的一些“打砸抢”的现象表明，个别人的“爱国”，走错了方向。

当“VP+N”作为一个定语修饰动词中心语的时候，后边需要带“的”，此时“VP+N”比“VP+的＋N”更利于表达前后层次关系，也更容易让读者理解。例如：

（5）这一系统可以控制同一条铁路上多列动车组安全间隔时间，信息通过钢轨传送到动车组的车载系统，防止列车追尾事故的发生。

此句中，如果我们用“列车追尾的事故”替换“列车追尾事故”，则“防止列车追尾的事故的发生”层次辨析难度加大，而且节律不协调，正是需要尽量避免的结构。

此外，当“VP+N”充当某个短语中的一个成分，而这个短语又作为定语充当另一个中心语的修饰语时，用“VP+N”比用“VP+的＋N”更利于表达前后复杂的层次关系和语义关系。例如：

（6）2008年10月，上海市卢湾区副区长忻伟明和浙江省温州市鹿城区区委书记杨湘洪先后在法国考察期间“失踪”，再度引发了国内民众对贪官外逃现象的强烈关注。

（7）每一步都选择赢棋概率最高的走法。

（8）政府12日决定尽早拟定综合对策，加大取缔非法捕捞行为的力度，并推出行之有效的打击方案。

此例中的“VP+N”（“贪官外逃现象”、“赢棋概率”、“非法捕捞行为”）分别充当介词“对”的宾语、主谓短语中的主语和述宾短语的宾语，而这个介词短语、主谓短语和述宾短语又作为定语带“的”修饰动词中心语，如果用“VP+的＋N”（“贪官外逃的现象”、“赢棋的概率”和“非法捕捞的行为”）来替换“VP+N”，则不仅读起来拗口，也会大大增加层次辨析和语义理解的难度。

“VP+N”前边如果有两层以上带“的”的定语时，其本身就更不允许用“VP+的＋N”形式来替换。例如：

（9）殴打他人，是指行为人公然实施的损害他人身体健康的打人行为。

（10）挪威奥斯陆在22日接连发生两起袭击事件，造成至少17人死亡，这是自二战以来挪威遭受的最严重的大规模袭击事件。

（11）这里的“合理的上下班时间”指的是各个单位规定的正常的上班和下班时间，而不考虑职工从住所地到单位往返之间所用的时间，

以上三例中的“VP+N”（“打人行为”、“大规模袭击事件”和“上班和下班时间”）前分别有两个复杂定语“行为人公然实施”、“损害他人身体健康”，“自二战以来挪威遭受”、“最严重”，“各个单位规定”、“正常”，都用了“的”，如果我们分别用“打人的行为”、“反人类的恶言”、“放风筝的场所”代替“打人行为“大规模袭击事件”和“上班和下班时间”的话，整个结构则难以成立，正是吕淑湘所说的决不允许的情况。

另需指出的是，当“VP+N”作为一个表义整体受形容词修饰时，它也不能用“VP+的＋N”替换，否则，形容词的修饰对象就会变得模糊不清，影响读者理解，而且，也与一般的多层定语排列规则相冲突。因为按多层定语的排列顺序，动词性短语充当的定语应该放在形容词定语之前。下列例句都属于这种情况：

（12）笔者在出入社区的转角看到这样的一幕，由于社区里面没有固定的堆放垃圾场所，于是红红的“严禁倒垃圾”几个大字下，成为垃圾堆放地。

（13）7月23日，温州发生重大列车相撞事故。

（14）我们要大力弘扬伟大的抗灾救灾精神，坚持以人为本、以防为主、防抗救相结合的方针，……

“VP+N”在受形容词性短语修饰时，更难用“VP+的＋N”替换，因为修饰语越复杂，它与中心语的结构和语义联系就越松散，结构辨析和语义理解的难度就越大。例如：

（15）他只是一个十分普通的看门老人，但他却教会了我很多做人的道理，我从内心深处由衷地敬佩他。

（16）请问汉口哪里有安静又凉快的看书地方？

3.2.3 满足语言的经济性需要

语言的一个重要属性就是经济性。用尽量少的词语表达尽量多的内容，就是语言经济性原则的体现。随着信息化时代的到来，人们每时每刻都要接触大量的信息，也必然希望这些信息能通过最简化的形式表现出来。使用语言进行表达时，人们也同样追求用最简化的形式来表达特定信息。正如史锡尧（2000）所指出的那样：“人们使用语言都遵从经济性原则，能用简单明了的语言形式传达信息时，便不用复杂的语言形式，能省就省。”同理，“VP+N”与“VP+的＋N”相比，少用一个“的”字，如果二者表义基本相同，或者表达者认为差异甚微，可以忽略不计，那么他就会选择前者，因为省时省力，符合经济性原则。

网络语言的普及无疑也在促使语言的经济性原则发挥更大的作

用。在利用网络语言进行表达时，多输入一个字就多一次键盘操作，因此，人们自然更愿意选择精简形式表达特定内容。“VP+N”在网络世界里使用频率非常高，甚至有很多以前只能用“VP+的＋N”形式表达的，现在在网络语言里都能看到“VP+N”并存形式。像“日本死不认罪理由”、“多名中国船员在湄公河遇袭身亡事件”这类组合以前只能用带“的”的结构形式，可现在这种不带“的”的结构形式在网络语言中随处可见。可能开始使用时我们会觉得有点别扭，觉得不太规范。但是，细想一下，该结构不会被理解为其他结构，没有产生歧义的可能，“的”真就不是非用不可的，很可能有相当多的这类“别扭”的结构形式最终会被大众所接受。因此，我们说，网络语言经济化是促使“VP+N”大量增殖的一个原因。

当然，在语言交际过程中，经济性原则与准确性原则是相互制约，共同发挥作用的。当“VP+的＋N”中的“的”起着区别结构体的作用时，这个“的”就绝对不能少。如当“VP”与“N”有动作与受事关系的“VP+的＋N”短语中的“的”就是万万不可省略的。具体来说，像“小王处理的案件”、“刚才讨论的方案”、“研究解决的问题”、“送给孩子的礼物”就没有偏正结构形式的“小王处理案件”、“刚才讨论方案”、“研究解决问题”、“送给孩子礼物”与其对应，因为“的”的有无决定着短语性质。这时起绝对作用的是语言的准确性原则。而“城铁脱轨的事件”、“再次降息的信号”、“有房有车的人士”、“打羽毛球的场地”则有“城铁脱轨事件”、“再次降息信号”、“有房有车人士”、“打羽毛球场地”与其并存，因为后者只能被理解为偏正短语结构形式，在选择表达形式时，语言的经济性原则就可能对表达者结构形式的选择产生影响。

因此更准确地说，“VP+N”的广泛使用是语言的经济性原则与准确性原则在言语过程中相互作用、自动调节的结果。

四、“VP+N”结构所受的制约

由上述可知，“VP+N”与“VP+的＋N”相比，具有语义凝炼、结构紧凑的特点，在句中还有后者无法取代的作用，因而能得以广泛运用，并有逐渐增多的趋势。但显而易见的是，并非所有“VP+的＋N”都有“VP+N”对应形式与其并存，即有很多“VP+的＋N”中的“的”是绝对不能省略的，否则该“VP+N”结构不能成立。“VP+N”的成立与否显然受到一些因素的制约。本节拟通过与“VP+的＋N”的对比来看影响“VP+N”成立与否的若干制约因素，以进一步认识“VP+N”结构的性质和特征。

4.1 音节的多寡

相对来说，“VP+的＋N”很少受音节方面的限制，内部各成分可以都是双音节词（或多音节词语），也可以都是单音节词，或者是单双音节交错构成。而“VP+N”则严格受到音节限制。不难看出，除了部分“VP”为述宾短语的“VP+N”中的“N”可由单音节名词充当外（限于部分主体类、工具类“VP+N”），“VP+N”中的“N”都由双音节名词充当（“N”是“时”的属于例外）。“VP”也同样有音节上的制约。譬如“VP”为主谓短语、状中短语的“VP+N”，其最基本的结构形式是各部分都由双音节词构成。比较：

学生旷课的问题 ——学生旷课问题
他旷课的问题——*他旷课问题
快速下跌的风险——快速下跌风险
快跌的风险——*快跌风险
海豚死亡的事件——海豚死亡事件
鸟死的事——*鸟死事
集体自杀的事件——集体自杀事件
集体自杀的事——*集体自杀事
动车追尾的原因——动车追尾原因
车追尾的原因——*车追尾原因
客人起床的时间——客人起床时间
客人走的时间——*客人走时间
快步走的好处——*快步走好处

“VP”为连谓短语的“VP+N”中的连谓短语的结构几乎都是“2+2”节律的四字结构形式。

有时主谓短语中的谓语动词可以是单音词，但其必须带有宾语或状语，或带助词“被”，整体上仍是双音或偶数多音节组合。比较：

张默打人事件　房价大涨时期

教授被砍事件　士兵持枪乱射战友事件

“VP”为并列短语“VP+N”中的并列短语的典型的结构形式或是两个单音节动词，或是两个双音节动词，音节结构对称性（1+1、2+2）亦十分明显。试比较：

听说的能力——听说能力

听和说的能力——*听和说能力

行贿受贿的事件——行贿受贿事件

行贿受贿的事——*行贿受贿事

行贿受贿的龌龊事——*行贿受贿龌龊事

“VP”为述宾短语的“VP+N”似乎结构组合形式较为多样化，但也时常受到音节方面的制约。有时音节的多寡是决定该“VP+N”成立与否的重要因素。试比较：

捡钱的人——捡钱人

捡钱包的人——*捡钱包人

打人的事件——打人事件

打人的事——*打人事

开车的人——开车人

开吊车的人——*开吊车人

开车的司机——开车司机

开汽车的司机——*开汽车司机

卖菜的妇女——卖菜妇女

卖大头菜的妇女——*卖大头菜妇女

4.2 名词的类属

“VP+的＋N”结构对“Ｎ”的性质没有特殊要求，可以是指人或动物的有生名词，也可以是无生的具体物质名词，也可以是无生的抽象名词，而“VP+N”中的“Ｎ”除了“VP”为述宾短语的“VP+N”以外，一般都是无生抽象名词（“VP”为并列短语和状中短语的主体类“VP+N”可以是指人名词，但仅限于“人员”、“分子”、“员工”这类黏着性较强的集合名词）。下列“VP+的＋N”都没有“VP+N”对应形式：

双目失明的老人——*双目失明老人

右腿受伤的绵羊——*右腿受伤绵羊

系统紊乱的电脑——*系统紊乱电脑

迟到早退的球员——*迟到早退球员

上串下跳的猴子——*上串下跳猴子

直上直下的电梯——*直上直下电梯

明天值班的同志——*明天值班同志

缓慢爬行的乌龟——*缓慢爬行乌龟

快速运转的机器——*快速运转机器

“VP”为述宾短语的“VP+N”中的“N”尽管可以是指人名词，但也排斥指人的专有名词、亲属名词，还排斥动物名词、植物名词，试比较：

卖菜的大姐——卖菜大姐

卖菜的小丽——*卖菜小丽

开车的司机——开车司机

开车的姐姐——*开车姐姐

爬树的小猴子——*爬树小猴子

开花的仙人球——*开花仙人球

至于书面语中经常使用的“N”为人称代词的主体类“VP+的＋N”，则更没有“VP+N”对应形式：

身为师长的她——*身为师长她

即将回家过年的你——*即将回家过年你

离开井底的他们——*离开井底他们

平时从不买彩票的他——*平时从不买彩票他

4.3 “VP”与“N”之间的语义关系

“VP+N”中“VP”与“N”的语义关系对“VP+N”成立与否具有制约性。“VP+的＋N”中最常见的类型之一就是在“述宾”结构中加“的”构成偏正短语。比较：

学生讨厌课程（述宾）——学生讨厌的课程（偏正）
逐渐熟悉环境（述宾）——逐渐熟悉的环境（偏正）
买入卖出股票（述宾）——买入卖出的股票（偏正）
赠与学校书籍（述宾）——赠与学校的书籍（偏正）

含有这种隐含的述宾关系的“VP+的＋N”中的“的”有区别结构体的作用，是绝对不能省去的，否则即改变结构性质，由原结构变为述宾结构。换句话说，“VP”与“N”具有潜在的动作与受事语义关系的“VP+的＋N”没有“VP+N”对应形式。

需要指出的是，不少汉语语法教材用这种语义类型的“VP+的＋N”来证明动词性短语做定语要加“的”，显然是没有说服力的，因为这种语义类型中的“的”本来就是不能省略的。

此外，“VP”与“N”具有潜在的动作与施事语义关系的“VP+的＋N”除了“VP” 为述宾短语的主体类“VP+N”以外，在“VP”为其他动词短语的“VP+N”中也很受限制。下列“VP+的＋N”都没有“VP+N”对应形式：

迟到早退的白领——*迟到早退白领

当晚值班的小王——*当晚值班小王

上街买菜的妇女——*上街买菜妇女

4.4 对各类结构的容纳度

“VP+的+N”结构相对松散，“VP”中可以容纳各种复杂的结构形式，如带复杂状语、复杂定语、各类补语、紧缩句结构以及其他复杂结构等，各类结构内还允许出现助词“的”、“地”、“得”，时态助词“了”、“着”、“过”，以及时间副词“正”、“将要”、“快要”等，而“VP+N”由于语义凝炼，结构紧凑，“VP”中很难容纳上述各种复杂结构，以及内含助词成分的结构。如“VP”为主谓短语的“VP+N”中的“VP”对复杂结构的容纳度相对较高，但从总体上看，也是除了同一类、时间类“VP+N”中允许相对复杂的结构进入“VP”中之外，其他各类中的“VP”也大都是形式简单的主谓结构。因此，下列各例中的“VP+的+N”都没有“VP+N”结构形式与其并存：

学生们手拉手地走进来的样子——*学生们手拉手地走进来样子

你已经死了的消息——*你已经死了消息

学生从来没去过的地方——*学生从来没去过地方

德隆快要崩盘的流言——*德隆快要崩盘流言

公司请求记者采访的原因——*公司请求记者采访原因

由工人阶级领导的各界人民坚强不屈地向帝国主义斗争的情景

——*由工人阶级领导的各界人民坚强不屈地向帝国主义斗争情景

“VP”为述宾短语的“VP+N”中，述宾短语中的动词限于单个单音动词或双音动词，不能由并列、述补短语充当，动词后不能带“了”、“着”、“过”等时态成分，而相对应的“VP+的＋N”显然不受此限。比较：

借钱的人——借钱人

借了钱的人——*借了钱人

骑马的少年——骑马少年

骑着马的少年——*骑着马少年

卖菜的妇女——买菜妇女

卖过菜的妇女——*卖过菜妇女

买入股票的时机——买入股票时机

买入卖出股票的时机——*买入卖出股票时机

喝酒的人——喝酒人

喝完酒的人——*喝完酒人

“VP”为述宾短语的“VP+N”中述宾短语中的宾语最常见的是单音名词和双音名词，只有时间类和同一类“VP+N”中述宾短语的的宾语可以由定中偏正短语充当，且多为单层次的，即由两个双音节词不带“的”直接构成的定中偏正短语（如“处理交通事故过程”、“控告相关媒体行动”），由其他短语或两层以上的多层定语构成的偏正短语极为少见。 而相对应的“VP+的＋N”中的述宾短语的宾语则没有这种限制，可由并列短语或含有多层定语的偏正短语充当，也可以由双宾语充当，而且内部也可以出现“的”、“和”这类助词和连词。比较：

定做西服的价格——定做西服价格

定做一件西服的价格——＊定做一件西服价格（宾语为带数量修饰语的偏正短语）

打羽毛球的场地——打羽毛球场地

打乒乓球和羽毛球的场地——＊打乒乓球和羽毛球场地（宾语为并列短语）

办理工商银行信用卡的条件——＊办理工商银行信用卡条件（宾语为复杂偏正短语）

获得美国留学签证的过程——获得美国留学签证过程

获得美国的留学签证的过程——＊获得美国的留学签证过程（宾语内有“的”）

借钱的人——借钱人

借他钱的人——*借他钱人（宾语为双宾语）

“VP”为状中和并列短语的“VP+N”对复杂短语的容纳度更低。

“VP”为状中短语的 “VP+的＋N”中的状中结构相对松散，能容纳相当多的状语类型，也可以容纳相对复杂的结构。而“VP+N”中的状语大多由形式简单的状语充当，只限于表示方式、时间、处所的名词语、非谓形容词、描写动作行为的双音节性质形容词、表示程度、否定及方式意义的副词、某些介词短语、形式简短的述宾短语、表示行为次数的量词短语等，状语类型明显减少，由除此以外的其他状语参与构成的“VP+的＋N”中的“的”都绝对不能去掉。包含助词“地”的状语更不可能在“状Ｖ＋Ｎ”中使用。因此，下列“VP+的＋N”都没有“VP+N”结构形式与其并存：

热烈欢迎的场景——*热烈欢迎场景

这么理想的效果——*这么理想效果

比较尖锐的问题——*比较尖锐问题

即将死亡的时候——*即将死亡时候

为学习和生活不屈不挠地拼搏的寒门学子——*为学习和生活不屈不挠地拼搏寒门学子

"VP"为并列短语的"VP+N"中的并列短语多由两个或两个以上单音节或双音节动词构成，由两个短语构成的并列短语一般多为带相同成分的双音节状中短语和述宾短语，其他绝大多数结构复杂的并列短语都不能直接与"N"组合成"VP+N"结构。书面语中经常出现的类似下列结构形式的"VP+的+N"都没有"VP+N"结构形式与其并存：

反腐倡廉、促进党风廉政建设的行动
——*反腐倡廉、促进党风廉政建设行动

传播情况、沟通信息、释疑解惑、舆论监督的作用
——*传播情况、沟通信息、释疑解惑、舆论监督作用

中西结合、食疗与药疗并举、多种有效物质成分相结合的功效
——*中西结合、食疗与药疗并举、多种有效物质成分相结合功效

在所有"VP"为动词性短语的"VP+N"中，"VP"所受限制最多的无疑是连谓短语。能出现于"VP+N"中的连谓短语仅限于四音节结构，语义类型也只有三种，数量最少。

综上所述，“VP+N”是一种结构受限的短语形式，其组合自由度明显弱于“VP+的+N”。因此从数量上看，前者必然要比后者少得多，这大概也是导致人们忽视“VO+N”结构存在的重要原因之一。

五、结语

通过本章的描写分析可以得出如下结论：

a．“VP+N”在现代汉语中大量存在，不是个别现象，无法用例外来解释；

b．“VP+N”可细分为多种类型，各类均有各自句法构成上的特点和语义上的特点；

c．“VP+N”在句中不仅能做主语、宾语、介词宾语，还能做定语，有的还能做状语，有的还能与方位词构成方位短语，表现出句法功能上的多样性；

d．“VP+N”结构紧凑，表义凝炼，具有“VP+的+N”无法取代的作用，因而能得以广泛运用，并有逐渐增多的趋势。但在组合方面受到诸多方面的限制，其组合自由度显然不如“VP+的+N”，是一种组合受限的结构形式；

e．“VP+N”的表达作用有三个：满足语义表达的需要、满足结构层次分明的需要和满足语言的经济性需要。概括地说，“VP+N”的广泛使用是语言的经济性原则与准确性原则在言语交际过程中相互作用、自动调节的结果。

f．尊重语言事实是语言研究中必须恪守的原则。在汉语语法教材以及语法教学中，应该对“VP+N”作客观的说明，纠正以往片面的认识。

第五章

定语为受事、中心语为动词语的“O的V”偏正短语

一、“O的V”偏正短语的语法修辞作用

二、“O（的）V（的）N”短语的切分问题

定语为受事、中心语为动词语的“O的V”偏正短语

一、“O的V”偏正短语的语法修辞作用

1.1 “O的V”偏正短语的性质

定语为受事、中心语为动词语的偏正短语指的是下面这类短语：

成果的取得　欢迎的表示

课文的分析　得到职位的希望

人民生活水平的逐步提高　汉语方言词汇的整理和分析

这是一种特殊的体词性偏正短语。从形式上看，定语的充当者既可以是一个名词语，也可以是一个动词语，中心语的充当者既可以是一个双音节及物动词，又可以是一个动词短语。定语和中心语之间的“的”字一般不可去掉，否则，会使原来的短语不能成立：

成果的取得
*成果取得

或者改变原短语的结构关系：

人民生活水平的逐步提高（偏正短语）
人民生活水平逐步提高（主谓关系）

但是，如果中心语为“分析、研究、调查”这类所谓名动词时，“的”字就往往可以去掉，而且不改变原短语的结构关系，如：

课文的分析
课文分析

从意义关系上看，定语是中心语的受事（泛指动作、行为或活动的承受者）。这里我们用“O”代表这个受事成分，“V”代表动词语。那么，不难看出，所有“O的V”都能转换成“V O”述宾短语，而且基本语义关系不变，如：

欢迎的表示——表示欢迎

得到职位的希望——希望得到职位

由上可见，“O的V”显然与一般的偏正短语有所不同，它具有自己独特的语法语义特点。关于这种短语，吕叔湘（1982）曾提及过，并且指出：“从前的文言里虽然间或也有这种例子，可是不多。现代的广泛应用，不能不说是主要由于外国语的影响。”[1]

那么，“O的V”何以能被现代汉语所接受并且能得以广泛应用呢？它有哪些语法修辞作用呢？这是一个很值得探讨的问题。鉴于“O的V”与“VO”在表义上具有明显的相通之处，我们可以通过与“VO”的比较来分析“O的V”，从语法与修辞两个方面来说明现代汉语使用“O的V”的必要性。

1.2 “O的V”的语法作用

“O的V”具有与“VO”明显不同的语法功能，所以，二者在分布上存在着某些对立。在一些句法位置上，“VO”的使用受到较多的限制，而“O的V”却较为自由。换句话说，在有些情况下，我们只能使用“O的V”，而不能使用“VO”。此时，“O的V”的使用显然满足了某种结构与表义的需要。

具体说来，“O的V”具有以下几方面的作用。

1. 吕叔湘(1982)，第86页。

1.2.1 增加述宾短语的表义内容

在现代汉语中，有些动词既能带体词性宾语，又能带谓词性宾语，在这类动词后边，“VO”与“O的V”都可以使用。比较：

重视保护森林　重视森林的保护

妨碍理解内容　妨碍内容的理解

然而，更多的动词或者只能带体词性宾语，或者可以带双音节动词宾语，而不能带一般动词短语作宾语。在这些动词后，“VO”不能出现。如下列组合均不能成立：

*进行分析语音　*完成改造农业

*作为总结工作　*承担维修和保养机场

可见，“进行、完成、作为、承担”这类动词对“VO”具有明显的排斥性，二者不能组合在一起构成述宾短语。然而，“O的V”却不受这类动词的排斥。将上列不能成立的组合作如下转换（即将其中的“VO”转换成“O的V”）则都能成立：

进行语音的分析　完成农业的改造

作为工作的总结　承担机场的维修和保养

由此可知，“O的V”的使用，解决了一些动词与“VO”宾语不相容的矛盾，从而增加了述宾短语的表义内容。

1.2.2 扩大介词短语的表义范围

同样，“O的V”与“VO”的这种对立也表现在与介词的组合上。

在现代汉语里，介词一般多带体词性宾语，能带谓词性宾语的介词很少，而能带“VO”宾语的介词更少，只有“为、通过”等几个，多数介词都难以同“VO”组合成介词短语。如下列组合均不能成立：

*对取得成果　*随着整顿高等院校

*把维持和创造词汇　*从分配社会总产品

然而，“O的V”却同介词组合较为自由，因为它是体词性短语，能满足介词对宾语的要求。将上列不合法的组合中的“VO”转换成“O的V”，则都成为合法的介词短语：

对成果的取得　随着高等院校的整顿

把词汇的维持和创造　从社会总产品的分配

可见，“O的V”在同介词组合方面比“VO”具有更大的自由，它的使用无疑就扩大了介词短语的表义范围。

1.2.3 解决定宾不能共现的矛盾

有些动词既可以带上数量短语或指量短语形式的定语，组成名词性偏正短语，如：

这个主张

又可以带宾语，组成“VO”述宾短语：

主张大家都去

但是，它不能既带定语，又带宾语。下边这个组合就不能成立：

*这个主张大家都去

这种现象可以解释为定宾不能共现。这是为什么呢？因为动词带定语名词性强，带上宾语动词性强，二者性质不同，不能揉合在一起。

“O的V”可以解决这种定宾不能共现的矛盾。将“VO”转换成“O的V”，上边那不能成立的组合就可以变成一个合法的偏正短语：

这个大家都去的主张

不妨再看几个例子：

一点欢迎的表示
*一点表示欢迎
一个年龄的限制
*一个限制年龄

一场艺术处理的探讨
*一场探讨艺术处理

1.2.4 满足并列短语结构上的需要

在现代汉语中，并列短语要求并列的两个成分词性相同或相近，功能不同的两个成分一般不能组成并列短语。“VO”作为一种谓语性短语，不同体词性短语并列组合成一个更大的并列短语。下列组合都违背了并列短语结构上的要求，因此，都不能成为合法的组合：

*现代制度的改革和建立新制度　*国民经济的发展和增加国民收入
*非法组织的活动和印行非法刊物　*思想的精确程度和提高工作效率

显然，这几个组合都是以一个名词性的偏正短语和一个述宾短语生硬地并列在一起，所以难以成立。“O的V”是名词性短语，它与名词性短语组合成并列短语就较为自由。只要将上列不合法的组合中的“VO”转换成“O的V”，那些组合就都成为合法的并列短语：

现代制度的改革和新制度的建立　国民经济的发展和国民收入的增加
非法组织的活动和非法刊物的印行　思想的精确程度和工作效率的提高

由上可见，“O的V”在同体词性词语组合成并列短语方面，也同“VO”存在着明显的差别，它可以满足特定并列短语结构和表义的需要。

1.3 “O的V”的修辞作用

在有些情况下，“O的V”与“VO”都可使用，例如：

(1) 科学人生观的建树离不开对人类历史发展过程和规律性的认识。
比较：建树科学人生观离不开对人类历史发展过程和规律性的认识。

然而，在这种既可用“VO”又可用“O的V”的情况下，选用“VO”或“O的V”，在修辞上是有差别的。

“O的V”具有如下几个修辞作用。

1.3.1 突出强调动词语

同“VO”相比，“O的V”具有明显的突出强调动词语“V”的作用。这是由短语性质本身所决定的。在述宾短语中，述语和宾语的地位几乎相当，看不出强调哪一方；而在偏正短语中，语义重心一般是落在中心语上边。因此，将“VO”，转换成“O的V”，使“V”处于中心语的位置上，无疑就突出强调了“V”。

请看例句：

(1) 语法研究方法的改进在语文研究中也有明显的反映，值得人们借鉴。

比较：改进语法研究方法在语文研究中也有明显的反映值得人们借鉴。

(2) 党的第十一次全国代表大会，第五届全国人民代表大会和第五届全国政治协商会议的相继召开，充分显示了全党的大团结，全国各族人民的大团结。

比较：相继召开党的第十一次全国代表大会，第五届全国人民代表大会和第五届全国政治协商会议，充分显示了全党的大团结，全国各族人民的大团结。

通过比较不难看出，尽管句中的“O的V”可以换用“VO”形式，而且基本意义不变，但“V”的突出强调作用却表现不出来了。

1.3.2 平衡语句结构

在“VO”短语中，如果“O”是单音节词，“V”是双音节词，或者“O”是一个双音节词，而“V”是一个相对复杂的短语，那么，整个“VO”短语就显得头重脚轻，很不匀称。这时若将“VO”转换成“O的V”，则既可以表达原“VO”的基本意义，又取得了结构上的平衡。例如：

(1) 词的增加主要是通过构词法创造新词来实现。

比较：增加词主要是通过构词法创造新词来实现。

(2) 只要词汇里有新的成分出现或旧的成分消失，就会导致词义的重新分配。

比较：只要词汇里有新的成分出现或旧的成分消失，就会导致重新分配词义。

有时，“O的V”还可以使复句里的分句之间结构上取得一致。例如：

(3) 中国的革命是长期的，胜利的取得是逐步的。

这个复句的两个分句结构完全一样，显得十分匀称。若将第二分句中的“O的V”（“胜利的取得”）换成“VO”（“取得胜利”），虽然也未尝不可，但分句间的平衡与对称之美就被破坏了。

1.3.3 使偏正短语表义更加凝炼

“VO”与“O的V”都可以作定语，但“VO”作定语，整个偏正短语结构略显松散，不少情况下偏正之间需带“的”字，而“O的V”作定语，整个偏正短语结构紧凑，偏正之间往往不需带“的”字。而且，“O的V”作定语时，它本身的中心语“V”与整个偏正短语的中心语紧密相接，语义凝炼度更强。因此，为使结构紧凑、表义凝炼，“O的V”常被用来作定语，不带“的”与中心语组成偏正短语。例如：

(1) 在讨论中对所用术语没有下精确的定义，并且在方法的探讨方面不够重视，影响了词类问题的讨论取得更大的成果。

比较：在讨论中对所用术语没有下精确的定义，并且在探讨方法方面不够重视，影响了词类问题的讨论取得更大的成果。

(2) 为推动莎士比亚的研究工作和演剧活动，研究会决定成立中国莎士比亚研究基金会。

比较：为推动研究莎士比亚的工作和演剧活动，研究会决定成立中国莎士比亚研究基金会。

下列专有名称的组合形式也有助于说明“O的V”所具有的使偏正结构表义更加凝练的特点：

汽车制造厂

比较：制造汽车厂

语言研究所

比较：研究语言所

干部培训中心

比较：培训干部中心

结核防治医院

比较：防治结核医院

二、“O（的）V（的）N”短语的切分问题

2.1 何谓“O(的）V（的）N”？

所谓“O(的）V（的）N”是指如下这类偏正短语：

a. 语言运用角度

b. 语言运用的角度

c. 语言的运用角度

d. 语言的运用的角度

“O”代表动词语“V”（“运用”）前“V”的受事成分（“语言”），“N”代表“V” 后那个名词语（“角度”），括号里的“的”表示有时出现，有时不出现。

这里我们想要探讨的是如何分析“O(的)V(的)N”的内部层次关系。显然，层次关系不同，该短语所属的类型自然也就不同。拿例a来说，下面的切分表示这是一个带有多层定语的偏正短语：

a1. 语言运用角度

```
|  )      |
    |  )  |
```

而下面的切分则表示这是一个由偏正短语充当定语的偏正短语：

A2.语言运用角度
|　　)　|
|　)　|

哪一种切分更为合理呢？单就这个例子看，似乎难分高低。例d情形与此相同。例 b倾向于a2 的切分，例c 则倾向于a1 的切分，这是由于“的”字在起一种标记作用。[1] 看来，如何切分更为合理，需要结合更多的实例来检验。

2.2 a1切分的困境

显然，单从成分排列形式上看，a1的切分反映了词语前后排列顺序，切分也比较容易，若能一以贯之，的确不失为一种较好的处理方法。下边的例子作这种切分似乎未尝不可：

惯用语/使用范围
惯用语/使用的范围
惯用语的/使用范围
惯用语的/使用的范围

1. 然而这种标记作用有时是不可靠的，请看后文分析。

然而，有相当一部分实例却不适于a1的切分。例如对于下面这个短语，我们只能做 a2的切分，而根本不能做a1的切分：

(在)方法探讨方面

|　　)　|

|　)　|

*(在)方法探讨方面

|　)　　|

　|　)　|

因为，“探讨”不能与“方面”发生组合关系，也就是说，“探讨方面”不成短语。同样，加上，“的”以后，我们也只能做a2的切分：

方法探讨的/方面

方法的探讨/方面

方法的探讨的/方面

再如，对下面的短语，我们也必须做a2的切分，而不能做a1的切分：

新制度建立/问题

新制度建立的/问题

新制度的建立/问题

新制度的建立的/问题

这里涉及到“的”作为直接成分的标记的问题。“一般说，零是较小的直接成分的标记，‘的’是较大的直接成分的标记。”赵元任(1968)，第49页。因此，一般都把“的”作为切分偏正短语的重要的形式标记。“好学生的/宿舍”“好的/学生宿舍”的不同切分，就是根据“的”所在的位置。

然而，事实证明，对于“O(的)V(的)N”短语，我们无法根据“的”的位置来确定切分的第一刀，也就是说，“的”不能作为切分“O(的)V(的)N”的形式标记。因为，即使是“O的VN”我们也不能一律切分成：O的/VN，例已见上。下边的例句更能说明问题：

(1) 为推动莎士比亚的研究工作，研究会决定成立中国莎士比亚研究基金会。

这句里的“O的VN”只能切分成：

```
莎士比亚的研究工作
|          )   |
|      )   |
```

而绝对不能切分成：

```
莎士比亚的研究工作
|      )       |
       |   )   |
```

因为后一种切分与该短语在原句中所表示的意思完全相反，而且这种意义上的短语已不是“O(的)V(的)N”短语了。这个短语在原句中表示“(人们)所从事的研究莎士比亚的工作”，而按后一种切分意思是“莎士比亚所从事的研究，“莎士比亚”成了施事者。显然这种切分背离原义。

由上可见，a1的切分有比较明显的局限性。有一部分实例明显不适于这种切分。换句话说，a1的切分不能贯彻始终。

2.3 a2切分的合理性

那么，a2的切分是否能通得过呢?

上边的分析已经提示我们，意义关系应该是我们分析“O(的)V(的)N”短语层次的重要依据。

意义是语法分析的重要参考项，有时甚至起决定作用。我们在上边的分析中有意不谈“O(的)V(的)N”短语的内部各组成成分之间的意义关系，这显然是不够的。但是，即使这样，a1的切分仍然无法通过。现在我们从意义关系上看，a1的切分不能成立的原因就更明显了，这就是它破坏了该短语内部组成成分之间的意义联系。而a2的切分的优越性也就充分体现出来了。

在“O(的)V(的)N”短语中，由于“O”是“V”的受事成分，二者联系的紧密程度显然超过“V”与“N”的联系，正因为如此，所有“O(的)V(的)N”都能变换成“VO的N”，其基本意义不变。比较:

奖金分配办法——分配奖金的办法

矛盾克服的结果——克服矛盾的结果

地方病的防治工作——防治地方病的工作

工业产品的包装的问题- -包装工业产品的问题

由此看来，“N”显然是同受事性偏正短语“O(的)V”发生组合关系，而不是同单个“V”发生组合关系。而且，事实上很多“V”根本不能单独与“N”组合。如上文所说的“探讨方面”、“建立问题”这类不能成立的组合体。

还可指出一种事实，作为对上述看法的一种补充。在“O(的)V(的)N”短语中“V”与“N”之间常常可以插入“数量”或“指量”短语，使得“O(的)V”与“N”之间的联系更为松散，而在“O”与“V”之间，却很难插入这些短语。比较：

反义词运用问题

——反义词运用这个问题

——*反义词这个运用问题

句子分析的方面

——句子分析的一个方面

——*句子一个分析的方面

方言词汇的收集工作

——方言词汇的收集这种工作

——*方言词汇的这种收集工作

综上所述，a2的切分是一种较为合理的切分。这种切分符合“O(的)V(的)N”短语内部各成分之间的组合关系，因此可以适用于所有同类短语的分析，而且绝不会遇到a1的切分所遇到的困难。进而可以得出相应的结论：“O(的)V(的)N”短语是一种由“O(的)V”（一种受事性偏正短语)充当定语的偏正短语，而不是带有多层定语的偏正短语。

2.4 “O(的)”省略

“O(的)V(的)N”短语在实际运用中，有时可以省略“O(的)”，尤其是处于“O的V N”形式中的“O(的)”常常被省略。省略的条件是“O”已在上文出现。例如：

(1) 对于特殊方言词语的使用情况，如使用范围、使用条件等，都得作必要的说明。

例句中的“使用范围”和“使用条件”的前面省略了“特殊方言词语的”。这种省略现象不应该作为否认a2切分的根据。

| 参考文献 |

安俊丽 2004 动词直接作定语的界定及分析，《淮海工学院学报（人文社会科学版）》第1期。

陈昌来 2002《现代汉语动词的句法语义属性研究》，学林出版社

陈昌来、陈烨 1986 偏正结构VP+NP中NP与V的语义关系，《安徽师范大学学报（人文社会科学版》第2期。

陈满华 1997“VO的N”转化为同义粘合式偏正短语的规则__附论述宾短语结构作定语，《汉语学习》第1期。

陈祖荣 1995 浅谈动词的分类问题，《四川师范学院学报》第1期。

丁声树等 1979《现代汉语语法讲话》，商务印书馆。

范晓 1998《汉语的句子类型》，书海出版社。

傅雨贤、周小兵 1991 口语中的助动词，《语法研究和探索(五)》，商务印书馆。

高更生 1981《汉语语法问题试说》，山东人民出版社。

高云莉、方琰 2001 浅谈汉语宾语的语义类别问题，《语言教学与研究》第6期。

郭燕妮2005 并列短语研究综述，《株洲师范高等专科学校学报》第3期。

胡裕树主编 1996 《现代汉语》(重订本)，上海教育出版社。

黄伯荣、廖序东主编 1997《现代汉语》（增订二版）下册，高等教育出版社。

黄成稳 2003 《实用现代汉语语法》，知识出版社。

黄岳州 1956 区别助动词、副动词、副词的一般方法，《语文学习》第12期。

康健 2003 谈谈主谓短语的功能类别，《四川师范学院学报（哲学社会科学版)》，第2期。

亢世勇 1998 现代汉语谓宾动词分类统计研究，《辽宁师范大学学报》（社科版）第1期。

来稿综述 1957 对《动词作定语，用不用“ 的”？》的意见，《语文学习》

第3期。

李汉威 1996 主谓短语作定语与多层定语的区分，《江汉大学学报》第2期。

李晋霞 2002 现代汉语动词直接作定语研究，中国社会科学院研究生院博士学位论文。

李晋霞 2003 双音动词作定语时“的”隐显的制约条件，《汉语学习》第1期。

李晋霞 2003 论格式义对“V 双+ N 双”定中结构的制约，《中国语文》第2 期。

李晋霞 2004 论动词的内部构造对动词直接作定语的制约，《语言教学与研究》第3期。

李铁根 1986 论VN的可扩展性及其性质，《汉语学习》第 6 期。

李铁根 1999《现代汉语时制研究》，辽宁大学出版社。

李铁根 2010“V了O”述宾短语的功能研究，《中国语文学论集》第61号。

李铁根 2010 谓宾“V了O”述宾短语的类型和功能，《中国语教育和研究》第11号；

李铁根 2012 现代汉语语法教学中需要更新的几种认识，《哲学 · 思想 · 文化》第13期。

李铁根 2012a 主谓短语直接做定语的偏正短语的类型和功能，《中国语文学论集》第73号。

李铁根 2012b“状V+N”的类型、功能及其表达作用，《中国语教育和研究》第15号。

李铁根 2013“(V+V)N”偏正短语的类型、功能及其表达作用，《中国言语研究》第46辑。

李铁根 2014 述宾短语直接做定语的偏正短语的类型与功能研究，《中国语文学论集》第84号。

李英哲等 1990《实用汉语语法》，熊文华译，北京语言学院出版社。

李素秋 2009 现代汉语定语研究综述，《山西大学学报》（哲学社会科学版），第1期。

梁式中 1960 关于助动词，《中国语文》第5期。

林裕文 1958 谈结构助词“的”，《语文学习》第11期。

藺璜 1996 粘状动词初探，《语文研究》第3期。

刘坚 1960 论助动词，《中国语文》第5 期。
刘月华等 2003 《实用现代汉语语法》（增订本），商务印书馆。
吕淑湘 1979 《汉语语法分析问题》，商务印书馆出版。
吕淑湘 1987 句型和动词学术讨论会开幕词，《句型和动词》，语文出版社。
吕淑湘等著、马庆株编 2003 《语法研究入门》，商务印书馆出版。
吕叔湘主编 1981 《现代汉语八百词》，商务印书馆。
卢福波 1996 《对外汉语教学实用语法》，北京语言文化大学出版社。
卢英顺 1994 关于“了1”使用情况的考察，《安徽师大学报》第2期。
陆俭明 2000 《面临新世纪挑战的现代汉语语法研究》，山东教育出版社。
陆俭明 郭锐 1998 汉语语法研究所面临的挑战，《世界汉语教学》第4期。
孟琮、郑怀德、孟庆海、蔡文兰 2003 《汉语动词用法词典》，商务印书馆。
马庆株编 2003 词组的研究，《语法研究入门》，商务印书馆出版。
彭可君 1990 谓词性宾语补议，《语言教学与研究》第1期。
齐沪扬等 2004 《与名词动词相关的短语研究》，北京语言大学出版社。
邱广君 1982 与“[动词+‘出’]+ 宾语”有关的几个问题，《语言学论丛》第9期。
邱广君 1989 动词的语义分析方法初探，《语言学通讯》第3～4期。
邱广君 1997 自移动词的搭配与语义分析，《东北大学学报(社会科学版)》第2期。
邱广君、李铁根 1999 从徒手客移动词的搭配看其语义特征，《东北大学学报(社会科学版)》第2期。
裘荣棠 1994 名动词质疑——评朱德熙先生关于名动词的说法，《汉语学习》第6期。
邵敬敏 1994 双音节Ｖ＋Ｎ偏正结构分析（提要），第八次现代汉语语法学术讨论会（苏州）论文。
邵敬敏主编 2007 《现代汉语通论》（第二版），上海教育出版社。
邵敬敏、石定栩主编 2011 《汉语语法研究的新拓展》（五），北京大学出版社。
申小龙 1988 汉语动词分类研究述评，《绥化师专学报》第4期。
沈家煊 2012 “名动词”的反思：问题和对策，《世界汉语教学》第1期。

史锡尧 2000 "介宾动"向"动宾"的演变__语言的经济性原则，《汉语学习》第1期。
孙德金 1993 汉语助动词的范围，第四届全国现代语言学研讨会(北京) 论文。
铁根、昌吉 1995 "得(děi)"的归类问题，《汉语学习》第2期。
王爱军 1997 动宾短语的语法功能，《阅读与写作》第12期。
王光全 1993 动词直接作定语时的位置，《中国语文》第1期。
王光全 1993 动词做定语的几个问题，《吉林师范学院学报》（哲社版）第2期。
王丽彩 2007 现代汉语谓宾动词及相关问题研究，《暨南大学华文学院学报》第1期。
王文格 2010 现代汉语小句的研究现状及存在的问题，《汉语学习》第1期。
王一平 1994 从遭受类动词所带宾语的情况看遭受类动词的特点，《语文研究》第4期。
王永娜 2012 书面语体"和"字动词性并列结构的构成机制，《世界汉语教学》，第2期。
温永禄 1957 关于动词作定语带"的"的问题，《中国语文》第8期。
文炼 1982 "会"的兼类问题，《汉语学习》年5期。
文炼、胡附 2010 《文炼胡附语言学论文集》，商务印书馆。
吴为章 2003 动词研究述要，《语法研究入门》，商务印书馆出版。
吴锡根 1994 粘宾动词及其构成的句型，《杭州师范学院学报》第1期。
吴云芳 2004 V+V形成的并列结构，《语言研究》第3期。
吴云芳 2004 动词性并列结构的结构平行，《语言科学》第6期。
邢福义主编 1998 《现代汉语辅导》，高等教育出版社。
尹世超 2000 动词直接作定语与动词的类，《语法研究和探索(十一)》，商务印书馆。
尹世超 2002 动词直接作定语与名词中心语的类，《语文研究》第2期。
余健萍 1957 动词作定语用"的"的间题，《语文学习》第3期。
运兴华 1996 真谓宾动词及其宾语的类，《武警技术学院学报》第4期。
张爱朴 2012 汉语动词是名词的一个次类吗？，《汉语学习》第3期。
张斌主编 2010 现代汉语描写语法，商务印书馆。

张斌主编、齐沪扬著 2010 《现代汉语短语》，华东师范大学出版社。

张斌、胡吉成编著 1993 《现代汉语学习指导书》，中央广播电视大学出版社。

张斌、胡裕树 1989 《汉语语法研究》，商务印书馆。

张笛 2004 关于动词直接作定语的几个问题，《湖州师范学院学报》第6期。

张国宪 1997 "V双+ N双"短语的理解因素，《中国语文》第3期。

张建、谢晓明 2006 近二十年现代汉语动宾问题研究述评，《湖南冶金职业技术学院学报》第2期。

张瑞宣 1997 论主谓短语性质研究中的观点分歧及其原因，《广东教育学院学报》第 1 期。

张学会 2008 浅析动词宾语的谓宾动词，《大庆师范学院学报》第1期。

赵元任 1979 《汉语口语语法》，吕淑湘译，商务印书馆。

朱德熙 1982 《语法讲义》，商务印书馆。

朱德熙 1984 《定语和状语》，上海教育出版社。

朱德熙 1985a 《语法答问》，商务印书馆。

朱德熙 1985b，现代书面汉语里的虚化动词和名动词，《北京大学学报》第5期。

朱德熙 1986 变换分析中的平行性原则，《中国语文》第2期。

朱晓亚 2001 并列短语的句法作用，《世界汉语教学》第1期。

朱一之、王正刚选编 1987 《现代汉语语法研究的现状和回顾》，语文出版社。

강식진 · 이수진 2011『현대한어 문법 신해』, 형설출판사.

김종호 · 강희명 2011『중국어 쉬운 문법』, 다락원.

류기수 2003『올인 중국어문법』, 시사차이나사.

이재돈 · 모해연 2009『칸칸 중국어 문법』, 중앙북스.